GOLDMANN
ESOTERIK

Autor

Eugene G. Jussek, M. D. promovierte zum Doktor der Medizin an der Goethe Universität, Frankfurt am Main und spezialisierte sich auf das Gebiet der Inneren Medizin.

Damals wurde er von dem prominenten Jung-Schüler, dem Psychologen Professor Dr. Dr. med. h.c. Gustav Schmaltz in der psychosomatisch orientierten Denkungsweise geschult und in die analytische Psychologie eingeführt.

Nach seiner Facharztanerkennung ergänzte Jussek seine Studien in den USA einschließlich des Bellevue Medical Center der New York Universität. Während seiner Hypnose-Ausbildung arbeitete er mit nahmhaften Lehrern wie u. a. dem bedeutenden Hypnosearzt William S. Kroger, M. D. Als Pionier für biologische Heilmethoden erwarb Jussek internationale Anerkennung. Er ist davon überzeugt, daß bei der Behandlung des Patienten Körper, Geist und Seele als Einheit betrachtet werden müssen.

In seinem vorliegenden Buch beschreibt er seine Versuche mit Hypnose als einen möglichen Zugang zu einem höheren Selbst.

Dr. Jussek arbeitet und lebt mit seiner Familie in Los Angeles, Kalifornien.

Eugene G. Jussek

Begegnung mit dem Weisen in uns

Gespräche mit Yan Su Lu

Originalausgabe

GOLDMANN VERLAG

Originaltitel:
»Conversations with Yan Su Lu«
»Encounter with the Wisdomfigure, that may
be hidden within us all«

Übertragung aus dem Englischen von Helmut Gerstberger.

Mit Dank für Maya und Nicole.
Ohne ihre Hilfe wäre
dieses Buch nicht entstanden.

Made in Germany · 11/86 · 2. Auflage

Umschlaggestaltung: Design Team München
Satz: IBV Satz- und Datentechnik GmbH, Berlin
Druck: Elsnerdruck, Berlin
Verlagsnummer: 11765
Lektorat: Michael Görden
Herstellung: Gisela Ernst
ISBN 3-442-11765-8

Inhalt

An den Leser

Dieses Buch befaßt sich mit der Möglichkeit früherer Leben sowie der möglichen Existenz eines geistigen Führers, der sich in jedem einzelnen dieser Leben der inneren Entwicklung des Individuums widmet.

Seit meiner Kindheit, als ich den Tod und die Beerdigung meines geliebten Großvaters miterleben mußte, seit meiner Jugend, als ich als junger Rekrut erschütterter und fassungsloser Zeuge der sinnlosen Opferung kostbaren Lebens wurde, und seit ich als Arzt in den Jahrzehnten meiner Praxis die Zerbrechlichkeit und Vergänglichkeit unseres Körpers beobachten konnte, haben mich immer wieder die gleichen Fragen beschäftigt:

- Wieso haben wir einen Körper, der ja nur eine Hülle ist für eine unendlich kostbarere Substanz, wenn er doch so leicht zerstört werden kann?
- Ist der Tod das Ende des Lebens?
- Oder währt das Leben ewig?
- Wo ist sein Anfang?
- Welche Rolle spielen wir Menschen im großen Plan des Lebens?

Meine Suche nach Wissen und Verstehen führte mich in die entlegensten Gebiete der Erde und brachte mich in Kontakt mit vielen Lehrern und weisen Männern. Doch ich begriff, daß es nur wenige Seelen gab, die eine Antwort auf meine Fragen hatten.

In all den Jahren sind zahllose Menschen in meine Praxis gekommen, die keinen anderen Ausweg sahen, mit ihren Schmerzen und ihrer Verwirrung fertig zu werden. Mein Bemühen, ihnen zu helfen, ließ in mir allmählich die Überzeugung reifen, daß die Geisteshaltung – überhaupt die gesamte Einstellung des Patienten – für eine Heilung von enormer Wichtigkeit ist. Wir müssen lernen, auf die Stimme des weiseren Selbst in uns zu hören. Da mir schon damals klarwar, daß die meisten der potentiellen Beschwerden durch eine falsche Einstellung zum Leben heraufbeschworen werden und bereits lange, ehe sie sich körperlich manifestieren, latent vorhanden sind, räumte ich in meiner Praxis der Hypnose einen größeren Stellenwert ein. Sind einmal die Ursachen der Beschwerden erkannt, können diese oft geheilt werden, und der Patient hat zudem einen Ansatzpunkt, sich selbst zu helfen.

Im Rahmen dieses therapeutischen Konzepts lernte ich einen jungen Mann kennen, der sich durch bestimmte Verhaltensweisen, für die er keine Erklärung fand, selbst große Probleme bereitete. Ich entschloß mich, ihn mit Hilfe von hypnotischer Regression in seine früheren Existenzen zurückzuführen, und war sehr beeindruckt von der Fülle an Details, die er mir aus einigen seiner Leben berichtete. Obwohl es keineswegs meine Absicht war, mit diesem Buch die Existenz der Reinkarnation zu beweisen, waren zwei der von meinem Patienten erfahrenen Inkarnationen so genau beschrieben und zeitlich exakt festgelegt, daß ich nicht widerstehen konnte, seine Angaben zu überprüfen. Ich fuhr nach England, um die Informationen, die mir mein Patient in Hypnose bezüglich eines seiner früheren Leben im England des 19. Jahrhunderts gegeben hatte, mit historischen Quellen zu vergleichen. In Kirchen- und Stadtarchiven studierte ich mit Unterstützung meiner Frau und meiner Tochter Geburts- und Sterberegister, Namen, Daten, Verwandtschaftsbeziehungen, Handwerks- und Berufskarteien. In erstaunlichem Umfang entdeckten wir Übereinstimmungen zwischen den in Hypnose gemachten Angaben des Patienten und den tatsächlichen, historisch belegten Gegebenheiten: Öffentliche und kirchliche Institutionen waren zum Teil noch in denselben Gebäuden wie im 19. Jahrhundert untergebracht, und Adressen von längst abgerissenen Häusern erwiesen sich als richtig...

Gemeinsam mit meiner Familie fuhr ich nach Irland, wo der Patient – schon im 18. Jahrhundert – ein Leben als Rebell gegen die britische Besatzung gelebt hatte. Leider mußten wir feststellen, daß sämtliche Aufzeichnungen aus dieser Zeit verlorengegangen waren. Es gelang uns jedoch, viele der in Hypnose gemachten Angaben bezüglich der damaligen Lebensbedingungen, des in Irland grassierenden Hungers, der allgemeinen dörflichen Sozialstrukturen und der Organisation des Widerstandes der irischen Bauern bestätigt zu finden.

Im Verlauf der Regressionstherapie erweckte ein verblüffender Umstand unsere Aufmerksamkeit: Offenbar erinnerte sich der Patient an ein Wesen, an eine Person, die in den Augenblikken des Todes stets bei ihm gewesen war und die der Patient seinen Freund und Lehrer nannte. Die Ansichten, die diese »Person«, mit der ich schließlich direkten Kontakt aufnehmen konnte, zu Themenbereichen wie Reinkarnation, Tod, Selbstmord, Geburt, Sinn des Lebens, Liebe, Erfolg etc. äußerte, formulierte er ohne das geringste Zögern. Eine große Herausforderung für unsere Denkgewohnheiten ist seine Behauptung, jeder einzelne von uns habe einen solchen Beschützer und Lehrer...

In jedem von uns ist auch ein anderer, den wir nicht kennen. Er spricht zu uns durch den Traum und teilt uns mit, wie anders *er* uns sieht, als *wie* wir uns sehen. Wenn wir uns daher in einer unlösbar schwierigen Lage befinden, so kann der fremde andere uns unter Umständen ein Licht aufstecken, welches wie nichts geeignet ist, unsere Einstellung von Grund auf zu verändern, nämlich eben jene Einstellung, die uns in die schwierige Lage hineingeführt hat.

Der Patient und ich wenden uns gemeinsam an den 2000000 Jahre alten Mann, der in uns allen ist. In der letzten Analyse rühren die meisten unserer Schwierigkeiten daher, daß wir den Kontakt zu unseren Instinkten, zu der uralten, unvergessenen Weisheit, die in jedem von uns gespeichert ist, verloren haben.

C. G. Jung
aus: Psychologische Betrachtungen

Vorwort von Elisabeth Kübler-Ross, M.D.

»Begegnungen mit dem Weisen in uns«, von Dr. Eugene G. Jussek, ist ein außergewöhnliches und besonderes Buch. Es verrät mit jeder Zeile, daß es von einem Wissenschaftler und Arzt verfaßt wurde, der sich durch ein besonders profundes Wissen auszeichnet, einen analytischen und kritischen Verstand besitzt und darüber hinaus auf eine langjährige klinische Erfahrung zurückgreifen kann.

Dr. Jussek wandte im Rahmen seiner ärztlichen Praxis schon einige Zeit hypnotische Regression und Hypnotherapie an, als er völlig unerwartet auf einige bemerkenswerte Phänomene stieß, die bei den wissenschaftlich orientierten Institutionen der Medizin allenfalls ein skeptisches Stirnrunzeln hervorgerufen hätten. Anstatt die neu gewonnenen Erkenntnisse zu verwerfen, setzte Dr. Jussek die Arbeit fort und besaß den Mut, seine Entdeckungen der Welt mitzuteilen.

Dr. Jussek ist ein umsichtiger und kritischer Forscher, der seine Ergebnisse gründlich prüft und der auch nicht zögert, eine weite Reise zu unternehmen, um die erhaltenen Daten und Fakten zu verifizieren – oder gegebenenfalls zu verwerfen. Er läßt uns in diesem Buch einen Aspekt unserer Existenz wiederentdecken, dessen sich die meisten Menschen nur am Rande bewußt sind – obwohl wir uns alle auf demselben Weg der spirituellen Entwicklung befinden. Für den spirituell bewußten Leser wird Dr. Jusseks Bericht plausibel und glaubhaft klingen, während ihn andere – aufgrund ihrer eigenen Vorurteile – ablehnen werden.

Ich kann nur bestätigen, daß ich den größten Teil dieses Buches – besonders die Kapitel über »Sterben, Selbstmord und Schutzengel« – durch meine eigenen Forschungen über das Leben nach dem Tod bestätigt fand; zudem bin ich – im Zusammenhang mit meinen eigenen Forschungen während der letzten zwei Jahrzehnte – vielen der von Dr. Jussek angesprochenen Phänomene selbst begegnet.

Unsere geistigen Lehrer sind stets bei uns; sie führen uns vom Augenblick der Geburt an durch unser Leben und durch den Übergang, den wir Tod nennen. Allerdings können sie unseren freien Willen – das kostbarste Geschenk des Schöpfers an die Menschen – nicht beeinflussen. Wir sind also voll verantwortlich für die Entscheidungen, die wir treffen, für unser Handeln, unsere Worte und unsere Gedanken. »Was ihr säet, das werdet ihr ernten«, ist eine der absoluten Wahrheiten, die wir akzeptieren müssen.

Darüber hinaus befaßt sich dieses Buch in äußerst ansprechender Weise mit der Frage nach dem Sinn des Lebens. Auch ich bin der Überzeugung, daß dieser Sinn nur darin bestehen kann, ein Gleichgewicht zwischen den mentalen, den physischen und den spirituellen Aspekten unseres irdischen Daseins zu finden – oder wie ich es formulieren möchte: »in Harmonie mit den physischen, emotionalen, intellektuellen und spirituellen Quadranten zu leben« –, um auf diese Weise in unserer spirituellen Evolution Christus nachzueifern. Akzeptieren wir die Liebe als unsere Lebensbasis und gewinnen damit Toleranz, Verständnis und Sensibilität für unsere Mitmenschen, dann sind wir alle in der Lage, eine Aufgeschlossenheit und Erweiterung unseres Bewußtseins zu erreichen, die uns nicht nur dieses Buch näherbringen wird, sondern uns auch die Existenz unserer geistigen Lehrer und Führer erkennen läßt – unabhängig davon, ob diese nun aus uns selbst sprechen, oder von außen an uns herantreten.

Ich möchte an dieser Stelle dafür danken, daß ich dieses bemerkenswerte Buch kennenlernen durfte.

Vorwort von Jess Stearn

Ich kenne Dr. Jussek nunmehr seit vielen Jahren. Er ist ein angesehener und hochgeschätzter Arzt im Staate Kalifornien, der sich durch Eigeninitiative und privates Engagement der Erforschung neuartiger Ansätze und Methoden auf dem Gebiet der Inneren Medizin verschrieben hat. Seine Arbeit darf als eine Erweiterung und Bereicherung der Behandlungsmethoden der heutigen Medizin betrachtet werden.

Da ich mich seit Jahren selbst intensiv mit der Forschung auf dem Gebiet der Metaphysik beschäftige, erweckte Dr. Jusseks Arbeit, die von einer umfassenden wissenschaftlichen Bildung zeugt, sogleich mein ungeteiltes Interesse. Im Unterschied zu den meisten zu diesem Themenbereich bereits erschienenen Arbeiten zeichnet sich sein Werk durch eine offene und kritische Geisteshaltung aus, die letztlich auf seine Erfahrungen als praktizierender Arzt zurückzuführen ist, die ihn lehrten, daß das Skalpell eines Chirurgen nicht genügt, die Komplexität des Lebens zu erfassen.

Wie ich auch widmete sich Dr. Jussek dem Studium des Lebens in all seinen möglichen Erscheinungsformen. Erfüllt von dem Glauben an Gott und an seine Schöpfung verfiel er nie in den Fehler, die Grenzen des menschlichen Bewußtseins mit den Grenzen des göttlichen Universums gleichzusetzen.

Als Wissenschaftler war er sich darüber im klaren, daß dort, wo ein Ergebnis, ein Resultat zu beobachten ist, auch eine Ursache vorhanden sein muß.

Er suchte nach dieser Ursache – zunächst im Interesse seiner Patienten, für deren Leiden offenbar nicht immer eine eindeutige Ursache festzustellen war, und schließlich auch mit dem Ziel, den Geheimnissen des Lebens auf die Spur zu kommen. Die Erfahrungen in seiner ärztlichen Praxis hatten ihn gelehrt, daß die

Ursachen vieler Krankheiten in der menschlichen Psyche verborgen liegen, und im Bemühen, eine Lösung für die körperlichen und psychischen Beschwerden seiner Patienten zu finden, wagte er sich in die tieferen Schichten des menschlichen Bewußtseins, zu längst vergessenen und verdrängten Erinnerungen vor.

Mit Hilfe der hypnotischen Regression führte er, wenn es die Therapie erforderte, seine Patienten in eine vom Vergessen verwischte Vergangenheit und zurück zu längst vergessenen Kindheitserinnerungen. Unter Hypnose berichteten sie ihm – oft stockend und unsicher – von traumatischen Ereignissen, über die ihr Bewußtsein im Laufe der Zeit den Mantel des Vergessens gebreitet hatte. Doch eine neue, aufsehenerregende und zunächst verblüffende Dimension eröffnete sich im Verlauf dieser Behandlungsmethode: Dr. Jusseks therapeutische Hypnose führte seine Patienten in eine Regression, die über die Kindheit hinausging und bis in den Mutterleib zurückreichte, wo die Anfänge ihres Bewußtseins mit dem ihrer Mütter verschmolzen. Und dann, noch einen Schritt weiter zurückreichend, ereigneten sich Regressionen, die bis zu den Erfahrungen früherer Existenzen zurückgingen, in deren Verlauf der Patient eine andere äußere Erscheinung annahm, an anderen Orten und in einer anderen Zeit lebte und andere Freunde und Bekannte hatte. Und doch war dies alles mit der Gegenwart verknüpft, mit dem Leben, das sie im Heute führten, mit all seinen Schmerzen und all seinen Freuden.

Dr. Jussek gelang es, eine Kausalität aufzuzeigen. Denn nicht nur die traumatischen Erlebnisse während der Kindheit der gegenwärtigen Existenz sind mögliche Ursachen für die Erkrankung des Patienten, auch traumatische Erlebnisse in früheren Existenzen, die in den tiefen Schichten unseres Gedächtnisses bewahrt sind, konnte Dr. Jussek in einigen Fällen als Ursache von Krankheiten und Beschwerden identifizieren. Dies war eine überraschende Entdeckung, die den Anstoß für seine weitreichenden Forschungen zu Fragen, wie Wiedergeburt und Unsterblichkeit der Seele gab. War der Mensch nur für ein einziges Leben auf der Welt, das oft genug nur aus sinnloser Plackerei bestand? Oder besaß er die gottgegebene Möglichkeit, aus der Vergangenheit zu lernen und Talente und Fähigkeiten zu entwikkeln, die er in andere Existenzen mit einbringen konnte, die seinem Karma – wie man im Osten glaubt – anhafteten?

Mit dem Eifer des Wissenschaftlers und dem Können eines Dramatikers untersucht Dr. Jussek in seinem Buch die potentielle Möglichkeit einer Reinkarnation und die Chance der Menschheit, Zugang zu einer höheren Stufe der Weisheit zu finden.

Es entstand ein faszinierender Bericht, der vielen von uns dabei helfen kann, die engen Grenzen ihres Geistes und ihrer Seele zu überwinden. Doch vor allem ist dieses Buch eine Reise in die Metaphysik, die vielen ein Denkanstoß sein wird, und sie werden verstehen, daß das Leben durch nichts begrenzt ist – außer durch sich selbst.

Einführung

Frage: Was geschah nach dem Tod mit Ihrer Seele?

Antwort: Mein wunderbarer Freund begegnete mir. Ich kenne seinen Namen nicht. Er ist ohne Alter. Unmittelbar nach dem Tod sprachen wir über meine Erfahrungen mit jenem Leben und die Lehren, die daraus zu ziehen waren.

F: Haben Sie ihn nach Gott befragt?

A: Es ist immer das Gleiche: Gott ist unendlich.

Mein Patient war in tiefer Hypnose und er sprach mit ruhiger und sachlicher Stimme über seinen Tod nach einem Leben, das er als Mädchen in Mexiko vor Hunderten von Jahren gelebt hatte. Über mehrere Wochen hinweg hatte ich Charles Roberts, einen meiner Patienten, auf der Suche nach den Wurzeln seiner gegenwärtigen Probleme durch hypnotische Regression in eine ganze Reihe intensiv erlebter früherer Leben zurückgeführt.

Im Verlauf unserer Bemühungen durchlebte ich gemeinsam mit Charles Roberts ein ganzes Spektrum tiefster Emotionen: Schmerz und Glück, Qual und Trauer. Und in jedem Leben, an das er sich erinnerte, hatte er bereitwillig und ohne zu zögern und beinahe mit einem Gefühl der Erleichterung von seinem Tod erzählt. Jedesmal, wenn er sich von einigen seiner oft schmerzlichen Erinnerungen befreit hatte, pflegte sich der Tonfall seiner Stimme zu ändern, und er erzählte von seinen tröstlichen Begegnungen jenseits des Todes mit dieser außergewöhnlichen Person, die er seinen Freund und Lehrer nannte.

Seit mehr als 20 Jahren wende ich in meiner Praxis Hypnose als eine Therapieform an, und ich bin so leicht durch nichts in dieser Welt – oder jenseits davon – zu überraschen, denn schon des öfteren bin ich außergewöhnlichen Phänomenen begegnet. Doch die Beharrlichkeit, mit welcher Charles im Zustand der Trance an der Existenz eines persönlichen Lehrers festhielt, der jedesmal, wenn er starb, auf ihn wartete, um ihm zu helfen, war auch für mich etwas Neues und Faszinierendes.

Die Idee an sich war mir allerdings nicht neu. Schon seit langem hatte ich mir Gedanken gemacht über die ungeklärten Rätsel des menschlichen Bewußtseins, über die Existenz einer Seele, die Einzigartigkeit des Individuums, die Möglichkeit eines Lebens nach dem Tod, über die freundliche und tröstliche Erscheinung aus Licht, von der diejenigen berichteten, die den klinischen Tod überlebt hatten. Besonders hatten mich – im Zusammenhang mit der Theorie der Reinkarnation – die Interimszeiten interessiert, die zwischen zwei Leben lagen.

Die Tatsache, daß Charles immer wieder auf die Existenz seines körperlosen Lehrers zu sprechen kam, faszinierte mich und weckte meine Neugier, bis ich mich schließlich in einer denkbar bizarren und befremdlichen Situation befand: Ich führte eine Reihe von philosophischen Gesprächen mit diesem »Freund und Lehrer« – einem ehrwürdigen, alten Chinesen, der sich Yan Su Lu nannte und Charles als Medium benutzte, um sich mitzuteilen.

Diese Gespräche zogen sich über fast zwei Jahre hin, bis ich mehrere Notizbücher mit den Aufzeichnungen von Yan Su Lus Lehren und Ansichten gefüllt hatte. Einerseits bin ich wie jeder Mensch sehr interessiert und empfänglich für alles, was mit den Religionsphilosophien verschiedener Kulturen zu tun hat, während ich mich andererseits, als Arzt, verpflichtet fühle, Material, welches durch Hypnose an mich herangetragen wird, mit Vorsicht zu betrachten.

Die Landschaften des Geistes und der Seele besitzen ihre eigene Topographie, und die Ursprünge des daraus bezogenen Wissens lassen sich nicht unter gängigen Kategorien zusammenfassen. Von ganzem Herzen stimme ich mit Robert Ornstein, dem Erneuerer der transpersonalen Forschung, überein, der davon überzeugt ist, daß wir in einer Zeit leben, in der sich »eine neue und erweiterte Auffassung des Menschen von sich selbst zu entwickeln beginnt; ein Selbstverständnis, das viele Fähigkeiten jenseits der als gegeben angenommenen Grenzen beinhaltet«.

Genau aus diesem Grunde dürfen wir nicht aufhören, Fragen zu stellen – immer wieder von neuem – und scheinbar unerklärliche Phänomene können eine prosaische Erklärung finden. Paranormale Erlebnisse sollten mit kühlem Kopf betrachtet werden, doch keinesfalls darf spirituelle Intuition gänzlich von einer rein wissenschaftlichen Betrachtungsweise unterdrückt und erstickt werden.

Unter diesem Vorbehalt scheint es mir gerechtfertigt, den Fall Charles Roberts und meine Gespräche mit Yan Su Lu zu veröffentlichen sowie die Umstände, die dazu geführt haben, sie darzulegen. Ich gehe davon aus, daß der Leser selbst entscheiden wird, was davon für seine geistige Entwicklung wichtig und was unwichtig ist, denn wir alle sind unvollkommene Wanderer auf dem langen und steinigen Weg der Evolution.

»In welches Haus ich auch treten werde...«
(aus dem Eid des Hippokrates)

1. Zur Geschichte meiner Person

Der Vater meiner Mutter, Georg, lag im Sterben. Er war immer ein starker und gesunder Mann gewesen, aber jetzt beteten Nonnen in schwarzen Gewändern an der Seite seines Bettes. Ab und zu hörte ich ihn unter Schmerzen laut aufschreien.

Ich war zehn Jahre alt, und es war das erste Mal, daß der Tod so nahe zu mir kam. Plötzlich – während ich meinen Großvater ansah – verlor sein Gesicht allen Ausdruck; es war, als ob es sich in Stein verwandelt hätte. —— Es war immer noch ein schönes Gesicht, aber die Person, die mein Großvater gewesen war, existierte nicht mehr.

Das muß es sein, dachte ich —— Tod. Ich fühlte eine furchtbare Angst in mir. Ich war nicht in der Lage zu verstehen, was sich in diesem Augenblick ereignet hatte.

Später wurde mein Großvater umgekleidet, und die Bettwäsche wurde gewechselt. Meine Mutter schloß seine Augenlider und faltete seine Hände. Der Raum war so still, wie ich es niemals früher erlebt hatte. Dann kamen Männer, alle in schwarz gekleidet, und trugen meinen Großvater aus dem Zimmer.

Ich erinnere mich deutlich an den grauen Tag, als ich mit meiner Familie auf dem Friedhof stand. Immer wieder mußte ich in das tiefe Loch vor uns schauen, während der Priester eine Rede hielt.

Dann wurde der Sarg an Seilen in die Erde gelassen, die mir dunkel und schwer erschien. Mein Großvater war beerdigt. Nie wieder würde ich den Menschen sehen können, den ich so sehr geliebt hatte. Dieser Gedanke durchzuckte meinen Körper wie ein elektrischer Schock, und ich weinte.

Später fragte ich meine Mutter, was das alles für einen Sinn hatte und was nun wirklich mit meinem Großvater geschehen wäre. »Ich bin sicher, daß er jetzt im Himmel ist«, antwortete sie. »Er war ein guter Mann. Auch du bist gläubig erzogen worden, und auch du hast beten gelernt. Wenn deine Zeit kommt, wirst auch du in den Himmel kommen.« »Aber was geschieht mit den Menschen, die nicht so gut sind?« wollte ich wissen. »Gehen diese Unglücklichen in die Hölle und bleiben für immer dort? Unser Priester hat das doch gesagt.«

Meine Mutter war in Gedanken versunken und antwortete nicht. Ich gelobte mir damals, nicht zu ruhen, bis ich eine Antwort auf diese Frage bekommen würde...

Ich kann die vielen seltsamen Zufälle, die mir im Laufe meines Lebens zustießen, nicht beiseiteschieben. Oftmals nahmen dadurch die Ereignisse einen völlig unerwarteten Verlauf und lenkten mein Leben in ganz andere Bahnen; so faszinierte mich zum Beispiel in meiner Jugend das Erlernen besonderer Fähigkeiten, die sich dann Jahre später als entscheidend für mein Wohlergehen oder gar als lebenswichtig herausstellten.

Obwohl das Milieu meiner Kindheit als konservativ bezeichnet werden muß, förderte es doch intellektuelle Neugier und Entdeckungsfreude, und ich erinnere mich, daß mein Geist stets nach neuem Verständnis strebte. Sehr früh im Leben entwickelte ich mich zu einem unersättlichen Leser. Während der ersten Jahre am Johann-Wolfgang-Goethe-Gymnasium in meiner Heimatstadt Frankfurt verschlang ich die Berichte über die außergewöhnlichen Kräfte tibetanischer Lamas und indischer Yogis. Die Bücher von Madame Alexandra David-Neel schlugen mich in ihren Bann. Sie schrieb über ihr Leben in Tibet und ihre Ausbildung bei den heiligen Männern des Landes.

Ich las detaillierte Dokumentationen über tibetanische Mönche, die in der Lage waren, im Körper außergewöhnliche Wärme zu erzeugen. Sie wickelten sich in nasse Tücher, legten sich auf zugefrorene Seen und trockneten die Tücher durch innere Wärmeregulation vollständig aus. Diese Übung, die Tumo genannt wird, ist ein Beweis für die Fähigkeit des Geistes, das autonome Nervensystem zu kontrollieren.*

Ich beschloß, diese Fähigkeit selbst zu erlernen. Während ich meditierte, stellte ich mir im Inneren meines Körpers ein brennendes Feuer vor. Durch bestimmte Atemtechniken fachte ich die Hitze an, wobei ich meine Lungen als Blasebalg benutzte. Über Monate hinweg beschäftigte ich mich damit, und ich machte Fortschritte, bis es mir an der Zeit schien, mich einer kritischen Probe zu unterziehen. Ich war 14 und hatte großes Vertrauen in meine Fähigkeiten, jeder Herausforderung gewachsen zu sein.

In jenem bitterkalten Winter schwamm ich quer durch den Main und zurück, ohne daß mir die Kälte etwas anhaben konnte. Es funktionierte! Danach hielt ich – immer wenn ich mich in den Alpen befand – Ausschau nach Gebirgsseen, suchte eine Stelle, an der der See nicht ganz zugefroren war, zog meine Kleider aus und tauchte bis zum Hals ins Wasser.

Mein Körper war zunehmend besser in der Lage, willkürlich Wärme zu erzeugen. Ich testete dies dadurch, daß ich es von Mal zu Mal länger im eiskalten Wasser aushielt. Daß mir diese Technik eines Tages das Leben retten würde, konnte ich damals noch nicht ahnen. Auch war es mir keineswegs klar, wie tiefgreifend diese geheimnisvolle Verbindung zwischen Geist und Körper schließlich mein Leben bestimmen würde.

Ich wuchs in einer traditionsbewußten Familie auf. Meine Mutter war eine starke und sehr schöne Frau, die ich anbetete. Meine Kindheit verlief in sehr ordentlichen und geregelten

* Die moderne Wissenschaft hat inzwischen dieses althergebrachte Wissen der Yogaadepten bestätigen können. So weiß man jetzt, daß zahlreiche unwillkürliche Prozesse, nicht nur die Körpertemperatur, sondern auch Herzfrequenz, Kreislauf, Sauerstoffaufnahme, Verdauungsorgane usw. zu beeinflussen sind. (Untersuchungen von Elmer Green von der Menninger Klinik an Swami Rama.)
Später wurde dieses Wissen ein Bestandteil meiner ärztlichen Praxis. Tumo ist eine Version des autogenen Trainings, wie es von Schultz in Berlin entwickelt wurde. Die progressive Entspannungstechnik von Jacobson hat große Ähnlichkeit mit der Schultzschen Methode.
Auch die Gedanken-Kontroll-Technik von Silva ist in diesem Zusammenhang zu erwähnen.

Bahnen: Kirche, Familie und Schule.

Mein Vater war Bankier, der dank seiner politischen Weitsicht vielen jüdischen Kollegen die Flucht ins Ausland ermöglichte und – aufgrund seines tiefverwurzelten Katholizismus – selbst angesichts der sich anbahnenden Schwierigkeiten nie den Mut verlor. Als eines von vier Kindern hatte er bereits mit zwölf Jahren seiner verwitweten Mutter geholfen, die Familie zu ernähren. Der Herdeninstinkt, mit dem er sich um jedes Familienmitglied sorgte, ging ihm nie verloren, und er kümmerte sich mit Rat und Tat um eine stetig wachsende Familie Hilfebedürftiger und Ratsuchender.

Ich war ein begeisterter Sportler – besonders interessierten mich Judo, Boxen und Leichtathletik – und ich erinnere mich, daß ich mit der Boxstaffel der Universität Frankfurt an den deutschen Hochschulmeisterschaften in Innsbruck teilnahm. Die Erinnerung daran ist besonders lebendig geblieben, da mich diese Stadt in den Bergen schon immer fasziniert hatte, und ich – sooft sich die Gelegenheit bot – zum Schilaufen hingefahren war. Damals, als ich mich mit den anderen Boxern maß, konnte ich nicht ahnen, daß viele Jahre vergehen würden, ehe ich diesen wunderschönen Ort wiedersehen würde – Jahre, in denen das Gefüge und die Ordnung meiner Welt zusammenbrach.

Der Krieg, der über Europa hinwegtobte, stürzte uns alle in einen Abgrund. Ich mußte zum Militär, obwohl ich nie Soldat sein wollte. Ich war davon überzeugt, daß der Krieg nichts als Elend bringen würde und niemals zum Frieden führen konnte; denn wie kann aus Mord und Zerstörung Friede entstehen? Ich war verzweifelt und unglücklich.

Mit der Fernmelde- und Aufklärungseinheit einer berittenen Artilleriedivision der Wehrmacht kam ich nach Rußland. Als vorgeschobener Beobachter war ich im Einsatz an der Front. Eine meiner Aufgaben war auch die Installation und Unterhaltung der telefonischen Verbindungen zwischen unserer Batterie und der Infanterie, von der das Leben meiner Kameraden abhing. Oft arbeiteten wir unter stärkstem Artilleriebeschuß, da unser Ausfall die Funktionsfähigkeit unserer Batterie unterbrochen hätte. Wie ein Kaninchen sprang ich von einem Granattrichter in den anderen – von Deckung zu Deckung, um dem Tod zu entgehen. Daß ich überlebte, war einem Instinkt zu verdanken, der nichts mit Intelligenz zu tun hatte. Vielleicht auch einem Schutzengel.

Während des ersten Winters in Rußland kam kein Nachschub. Wir erhielten keine Winterkleidung. Viele der Soldaten litten an schweren Erfrierungen, die Amputationen notwendig machten. Manche erfroren auch einfach. Nachts schliefen wir oft im Schnee oder in verfallenen Hütten, nur in dünne Zeltplanen gehüllt, oder hielten bei 30° bis 40° minus Wache. Ich selbst wurde von größerem Leid verschont, da ich mit Hilfe des Tumo meinen Körper warm halten konnte.

Je länger das sinnlose Hinschlachten von Menschen andauerte, desto beharrlicher meldete sich meine innere Stimme. Ich konnte nicht einsehen, warum ich diese harmlosen Menschen töten sollte, die ich in ihren Dörfern und auf ihren Feldern beobachten konnte. Hilflos mußte ich mit ansehen, wie um mich herum Hunderte von Menschen starben – in Sekundenbruchteilen. Und ihre zerfetzten Körper lagen im Schnee wie weggeworfene Kleidungsstücke. Andere hatten weniger Glück: Schreiend und wimmernd lagen sie in ihrem Blut und Schmutz – außer sich vor Schmerz und Entsetzen, bis der Tod sie endlich von ihren Qualen befreite. Sie waren fast noch Kinder – wie ich selbst –, gute und weniger gute. Nachts, wenn wir etwas Ruhe hatten, verlangte ich nach einer Erklärung für all das, was ich hier mit ansehen mußte. Ich bezweifelte die Existenz eines Gottes, der es zuließ, daß eine ganze Generation junger Männer in diesem Elend zugrunde ging. Ich hatte Mitleid mit den russischen Bauern, deren Felder und Existenz zerstört wurden und deren Familien oft umkamen. Trotzdem versteckte mich eine alte Frau in ihrer Kate und rettete mein Leben. Warum tat sie das? Schließlich war ich doch der Feind. Was war der Grund ihres Verhaltens?

Die Ansätze meiner heutigen Überzeugung begannen in mir zu keimen. Das Leben ist ein heiliges Gut, dem mit Ehrfurcht begegnet werden muß. Jedes Wesen ist in seiner Art einmalig, kein

Fingerabdruck gleicht dem anderen. Wie verletzbar sind doch des Menschen Geist und Körper! Und hier, in den unendlichen Weiten Rußlands fielen sie wie Grashalme unter der Sense des großen Schnitters. Eine große Liebe erfüllte mich für all diese Seelen, die so plötzlich und gewaltsam aus dem Leben scheiden mußten. Was geschah mit ihnen, fragte ich mich, mit ihrem Leben, das kaum begonnen hatte. Und welches Schicksal erwartete diejenigen, die dieses Massaker überleben durften?

Ich wurde in ein Erste-Hilfe-Auffanglager des Sanitätskorps versetzt, das aus ein paar Hütten, direkt hinter der Front, bestand. Es fehlte an schmerzstillenden Mitteln, an Blutplasma, Antiseptika und an Licht. Wir trennten die Toten von den Lebenden, verarzteten, so gut es ging, was von ihnen übriggeblieben war, und luden sie auf Panjeschlitten, die sie – wenn sie durchkamen – zum Feldlazarett brachten.

Ich erlebte die Agonie, hörte die Schreie, das Wimmern und Stöhnen, und ich hörte die Stille. Es war so wenig, was ich tun konnte. Ich betete, und ich sprach mit ihnen – sooft es mir möglich war. Ich gab ihnen meine Kraft, meinen Körper, meine Seele – und es half. Ich fühlte und sah, daß ich mit meiner Stimme Kraft vermitteln und ihre Schmerzen erträglicher machen konnte.

Unsere Kompanie marschierte weiter nach Obojan, einer kleinen Stadt nördlich von Charkow. Der Winter hatte uns in seinem eisigen Griff. Die russischen Armeen hatten uns eingekesselt. Es kamen keine Lebensmittel mehr durch. Was mit Napoleon geschehen war, geschah nun mit uns. Wir waren abgeschnitten. Die meisten unserer Pferde waren verendet, und wir hatten ihr Fleisch gegessen. Ich arbeitete im Keller einer zerstörten Schule und assistierte einem Chirurgen bei Kerzenlicht.

Es schien mir unvorstellbar, wie ich diesem Alptraum je entkommen sollte. Es gab keinen Grund, aus dem ich gegen Menschen kämpfen sollte, die eigentlich meine Brüder waren, keine Entschuldigung dafür, daß ich tagaus, tagein Frauen und Kinder zugrunde gehen sah – und keinen Ausweg aus dieser Situation. Doch tief im Herzen wußte ich, daß ich all dem entkommen würde. Und zu meiner Überraschung wurde ich von der Front abberufen, um mein Medizinstudium zu beenden. Meine Kameraden marschierten weiter nach Osten, nachdem die russische Umklammerung durchbrochen war, und in Stalingrad stellten sie sich zu ihrem letzten Gefecht. Der Umstand, daß ich überlebt hatte, war für mich etwas, das mir sehr zu denken gab.

Im Verlauf meines Medizinstudiums erforschte ich die Ideen der westlichen Denker und geistigen Lehrer. Ich nahm die Herausforderung des griechischen Philosophen Heraklit an, der aus dem 6. Jahrhundert v. Chr. zu mir sprach: »Die Grenzen der Seele sind unerforschbar, selbst wenn man auf der Suche danach jeden Weg beschritte...« Den Widerhall dieser Worte fand ich bei C. G. Jung, der schrieb: »Niemand kann sagen, wo der Mensch endet, das ist das Schöne dabei. Das Unbewußte des Menschen reicht Gott weiß wohin.« Dort werden wir unsere Entdeckungen machen.

Obwohl ich als Wissenschaftler ausgebildet wurde, kann ich nicht erklären, was Bewußtsein ist. Die Wissenschaft beweist lediglich kleine Bruchstücke jenes erstaunlichen Energiegefüges, das wir als Bewußtsein bezeichnen. Bewußtsein ist für uns nicht sichtbar – lediglich seine Auswirkungen sind erkennbar. Manche glauben, es manifestiere sich aus einem Teil des Gehirns; doch beweist dies, daß die Bewußtseinsfunktion ausschließlich eine reine Gehirnfunktion ist – oder ist das Bewußtsein vielleicht mehr etwas, das durch das Gehirn wirkt?

Früher betrachtete man die Naturwissenschaft und die Philosophie nicht in dem Maße voneinander getrennt, wie das heute der Fall ist. Heraklit, der altgriechische Philosoph, schrieb vor 2500 Jahren: »Die Bewegung des Universums folgt nicht den Gesetzen der Zeit, sondern den Gesetzen des Denkens.« In unserem Jahrhundert griff der englische Wissenschaftler Sir James Jeans diesen Gedanken wieder auf: »Es entsteht allmählich der Eindruck, als hätte das Universum mehr Ähnlichkeit mit einem großen Gedanken als mit einer Maschine.« Erst vor kurzem ließ die Arbeit des australischen Neurophysiologen und Nobelpreisträgers Sir John Eccles vermuten, daß es eine nichtmaterielle Energie (Gedanken-Bewußtsein) ist, die die Gehirntätigkeit auslöst. Dies legt den Schluß nahe, daß dieses Gedanken-Bewußtsein unabhängig vom Gehirn im physischen Sinn existiert; das letztere sei lediglich der Empfänger und nicht der Urheber oder Schöpfer von Gedanken. Eccles ist nicht der einzige prominente Wissenschaftler, der diese Meinung vertritt. Die Bedeutung von Eccles' Experiment besteht darin, daß es eine Brücke zwischen der wissenschaftlichen und der philosophischen Betrachtung schlägt. Obwohl durch eine beträchtliche Zeitspanne voneinander getrennt, gingen sowohl Sir James Jeans als auch Sir John Eccles gleichermaßen das Wagnis ein, das Leben nicht allein vom naturwissenschaftlichen Standpunkt aus zu betrachten, sondern darüber hinaus mit Hilfe der Kraft der Intuition unter der Oberfläche unserer Welt eine verborgene, umfassende Realität zu suchen.

Wenn wir nicht lernen, die uns eigenen Fähigkeiten, sowohl die intellektuellen als auch die intuitiven, zu ihrem vollen Potential zu entwickeln, werden wir nicht in der Lage sein, den Sinn des Lebens zu erfassen.

Meine klinische Ausbildung begann ich als Assistenzarzt am Pathologischen Institut der Johann-Wolfgang-Goethe-Universität in Frankfurt am Main. Pathologie interessierte mich am meisten. Es schien mir wichtig, die pathologischen Veränderungen der menschlichen Organe zu beobachten und sie unter dem Mikroskop zu studieren. Das Fortschreiten einer Krankheit auf diese Weise zu beobachten, hinterläßt einen bleibenden Eindruck. Während dieser Zeit setzte ich mich auch mit den zellpathologischen Aspekten der Medizin auseinander, wie sie von Virchow und seinen Zeitgenossen entwickelt wurden.

Von der Pathologie kam ich zur Chirurgie. Ich wollte in der Lage sein, kleinere und mittlere chirurgische Eingriffe vornehmen zu können – und bin immer noch der Ansicht, daß jeder Arzt wissen sollte, wie – falls notwendig – eine Blinddarmoperation durchzuführen ist.

In den folgenden Jahren spezialisierte ich mich an der Medizinischen Klinik der Universität Frankfurt auf das Gebiet der Inneren Medizin. Während dieser Jahre hatte ich außerdem das Glück, eine freundschaftliche und fruchtbare Beziehung zu einem meiner außerplanmäßigen Lehrer pflegen zu dürfen, Prof. Dr. Dr. med. h. c. Gustav Schmaltz. Er war ein Schüler von C. G. Jung und einer der ganz Großen auf dem Gebiet der Tiefenpsychologie. Unter seiner Führung wandte ich mich dem Studium psychosomatischer Krankheiten zu, studierte die seelischen Krankheitsursachen – und unterzog mich im Rahmen meiner Ausbildung auch selbst einer Psychoanalyse. Mein Universitätsdiplom endete mit der Bemerkung: -- »und er befaßte sich vorzüglich mit der psychischen Genese innerer Krankheiten.«

Nach meiner Facharztanerkennung stand ich vor der Wahl, eine Universitätslaufbahn einzuschlagen oder eine Privatpraxis zu eröffnen. Nach reiflicher Überlegung tat ich keins von beidem. Vielmehr interessierten mich die Fortschritte der amerikanischen Medizin. Nach Absolvierung der in den USA vorgeschriebenen, zusätzlichen Assistenzzeit legte ich dort mein medizinisches Staatsexamen ab und ließ mich in Südkalifornien nieder. Im Vergleich mit den eisigen russischen Wintern des Zweiten Weltkriegs erschienen mir das milde Klima, der blaue Himmel und das Meer in Kalifornien wie ein Paradies. Ich blieb jedoch immer in Kontakt mit der Medizin meines Heimatlandes, da ich der Ansicht bin, daß die besten therapeutischen Möglichkeiten nur wahrgenommen werden können, wenn ein freier internationaler Erfahrungsaustausch aller Ärzte stattfindet.

Meine Ausbildung und meine Überzeugung von einer psychosomatischen Krankheitsgenese waren nicht nur hilfreiche Instrumentarien in meiner Therapie, sie ermöglichten mir darüber hinaus ein viel engeres Verhältnis zu meinem Patienten.

Die moderne Medizin kommt immer eindeutiger zu der Überzeugung, daß emotionaler Streß die primäre Ursache von Erkrankungen ist. Erfreulicherweise finden dabei die Vorstellungen der großen Mediziner des Altertums erneute Beachtung und erfahren unter der Bezeichnung »Ganzheitsmedizin« eine Renaissance. Körper, Geist und Seele werden wieder als eine Einheit betrachtet. Es beginnt sich allmählich eine dynamische Betrachtungsweise durchzusetzen, die bei der Diagnose und Therapie auch die subtilen elektromagnetischen Felder und Impulse, die dem menschlichen Körper eigen sind, berücksichtigt.

Das Studium der Akupunktur eröffnete mir zahlreiche neuartige Perspektiven, inwieweit der menschliche Körper unter dem Einfluß dieser unsichtbaren, doch nichtsdestoweniger wirksamen, elektromagnetischen Energiefelder steht. In meinem Streben, ein tieferes Verständnis der komplexen menschlichen Natur zu erreichen, nahm ich auch die Hypnose in mein therapeutisches Konzept auf und wagte mich in die verflochtenen Welten des menschlichen Geistes.

Obwohl die Hypnose bereits seit Jahrhunderten bei uns bekannt ist, wird sie von manchen noch immer als Verfahren betrachtet, mittels dessen man sich während des Schlafes den freien Willen einer Person gefügig machen kann. Zwar leitet sich das Wort »Hypnose« vom griechischen Wort »hypnos«, der Schlaf, ab, doch hat Hypnose mit Schlaf nicht das Geringste zu tun. Die hypnotisierte Person schläft keineswegs; vielmehr befindet sie sich in einem Bewußtseinszustand erhöhter Wachsamkeit und Konzentration. Eine Einengung des peripheren Bewußtseins ist sowohl dem Schlaf- als auch dem Hypnosezustand eigen, während das fokale Bewußtsein lediglich unter Hypnose intensiviert ist und im Schlafzustand gänzlich ausfällt. Der Alpharhythmus des EEG (Aufzeichnung der Aktionsströme des Gehirns) zeigt während der Hypnose wesentlich geringere Schwankungen als während des Schlafes.

Je nach Grad des von der Versuchsperson erreichten Trancezustands, spricht man von einem leichten, mittleren oder tiefen Hypnosestadium. Es können mehrere Trancephasen beobachtet werden, doch ist es äußerst schwierig, die einzelnen Phasen voneinander abzugrenzen. Die Tiefe der Trance hängt primär von der Motivation und der Ansprechbarkeit der Versuchsperson ab. In leichter Trance beobachten wir eine vollkommene Entspannung. Im mittleren Stadium werden die Schmerzzentren erreicht, und Hypnose kann zur Anästhesie herangezogen werden. Es können Persönlichkeitsveränderungen auftreten, und der Patient ist für posthypnotische Suggestionen empfänglich. Im Stadium einer tiefen Trance sind sogar größere operative Eingriffe möglich. Der Patient scheint zu schlafen – seine Herzfrequenz und seine Atmung sind verlangsamt, die Blutgerinnung wird beeinflußt – doch er reagiert auf Anweisungen des Therapeuten und ist in der Lage, die Augen zu öffnen. In diesem Stadium der Hypnose ist eine vollkommene Anästhesie durchführbar.

In tiefer Trance ist eine Altersregression möglich. Während der Regression führt der Therapeut den Hypnotisierten in frühere Stufen seines Lebens zurück. Häufig ist dabei festzustellen, daß der Patient den suggerierten Lebensabschnitt nicht erneut durchlebt, sondern ihn vielmehr neu inszeniert. Er kann mit einem Schauspieler verglichen werden, der seine eigene Rolle spielt. Dies kann von großem Nutzen sein, da der Patient willentlich in einen Zeitabschnitt seines Lebens zurückkehrt, in dem er unter Umständen eine falsche Entscheidung getroffen hat, die er im Verlauf der Hypnose revidieren kann. Auf diesem Weg ist es möglich, eine für ihn tragbare Lösung zu finden oder ein besseres Verständnis seines eigenen Ichs zu erlangen.

Bei der eigentlichen Revivikation allerdings befindet sich der Patient in einem wesentlich tieferen Trancezustand. Dabei kann man nicht mehr von einer Inszenierung des Vergangenen sprechen, sondern die Vergangenheit wird zur Gegenwart; dies war auch bei Charles der Fall.

An dieser Stelle möchte ich betonen, daß Hypnose per se keine Therapie bedeutet. Sie kann aber das Klima einer Heilung begünstigen. In der modernen Medizin hat sich die Hypnose zu einem anerkannten therapeutischen Mittel neben anderen entwickelt.

Alles in allem wurde in der westlichen Welt von Hypnose nur sporadisch und in begrenztem Umfang Gebrauch gemacht. Die bekannte amerikanische Psychologin Barbara Brown stellt hierzu fest: »Es scheint, als fürchte die traditionelle Medizin die potentiellen Kräfte des Geistes. Berichte aus der Sowjetunion enthüllten jedoch, daß dort die Hypnose von Tausenden entsprechend ausgebildeter Psychologen angewandt wird. Für zahlreiche Krankheiten wurden emotionale Ursachen entdeckt, die tief im Unterbewußtsein wurzeln. Mit Hilfe der therapeutischen Anwendung der Hypnose können positive Gedankenstrukturen entwickelt werden.

Es erscheint immer offenkundiger, daß das komplexe menschliche Wesen, das wir als Mann oder als Frau bezeichnen, auf vielen Ebenen in der Lage ist, sich selbst zu heilen. Dieses Streben muß jedoch nach innen gerichtet sein – davon bin ich überzeugt; ebenso wie ich davon überzeugt bin, daß der Apostel Lukas recht hatte, als er sagte: »Ihr sollt auch nicht sagen, sieh hier! und sieh dort!, denn wahrlich, ich sage Euch, das Reich Gottes ist in Euch.«

2.
Hypnotische Regression und frühere Leben... Auf der Suche nach den Grenzen der Seele

In den Jahren meiner ärztlichen Praxis konnte ich bei meinen Patienten die verschiedensten Bewußtseinsstufen beobachten. Die Anwendung der Hypnose hat viele meiner Regressionspatienten offenbar in frühere Leben zurückgeführt – jenseits ihrer gegenwärtigen Existenz. Diese Methode hat sich zu einem zentralen Element der Erforschung der Krankheitsursachen entwickelt. Immer wieder verblüfften mich die schier endlosen Ebenen der menschlichen Wahrnehmung, und ich bin davon überzeugt, daß wir die Pforten, die zu einem umfassenden Verständnis des menschlichen Bewußtseins führen, erst einen Spalt breit aufgestoßen haben. Die Wissenschaft wartet mit immer neuen Theorien über die Funktion des Gehirns auf, doch niemand findet eine adäquate Erklärung für den im menschlichen Geist tief verwurzelten Glauben an die Unsterblichkeit der Seele.

Fallstudien von offenkundigen Reinkarnationen stapelten sich in meinen Unterlagen, und in Verbindung mit hypnotischer Regression drängten sich zahlreiche Fragen auf. Was geschieht nach dem physischen Tod? Was ist das wirkliche Ich? Was ist Persönlichkeit?

Ich gehörte zu jenen, die an die Wiedergeburt der Seele glaubten, obwohl meine Schul- und Universitätsausbildung einer solchen Theorie eigentlich widersprochen haben. Doch irgendwo in den Tiefen meines Bewußtseins schien dieser Glaube schon immer gegenwärtig. Es gab viele Situationen in meinem Leben, in welchen ich von diesem Glauben Gebrauch machte.

Eines Abends, gegen Ende des Zweiten Weltkriegs – ich arbeitete in einem Kriegslazarett –, war ich alleine mit einem 17jährigen Jungen, der beim Rückzug der deutschen Armeen ein Bein verloren hatte. Die Wunde hatte sich entzündet, Penizillin stand uns noch nicht zur Verfügung. Die Infektion hatte sich ausgebreitet, und der Junge befand sich in einem kritischen Zustand. Es war Heiligabend. Ich saß auf seiner Bettkante und tupfte ihm den Schweiß von seinem bleichen, kindlichen Gesicht. Plötzlich öffnete er die Augen. In seinem Blick lag unendliches Vertrauen und eine Intensität, die ich nie vergessen werde. Es war, als würde seine Seele mit meiner verschmelzen. »Ich werde sterben«, sagte er. »Ich weiß es. Sag mir ... sag mir die Wahrheit. Was geschieht mit mir, mit der Person, die ich war? Ich war so jung, und es gibt so vieles, von dem ich nichts weiß. Bleibt meine Seele am Leben, wenn ich tot bin? Sucht sie sich einen neuen Körper? Was wird aus meiner Familie?« Ich starrte durchs Fenster in den tiefblauen Nachthimmel. »Ja«, hörte ich mich antworten. »Ich bin sicher, du wirst die Gelegenheit erhalten, alles zu lernen, was für dich wichtig ist. Ich glaube, daß die Seele immer wieder zurückkehrt, um Erfahrungen zu machen und zu lernen.« Ein Lächeln verwandelte das Gesicht meines jungen Freundes, und die Seele, von der wir soeben gesprochen hatten, entwich lautlos und ließ ihre tote Hülle zurück. Ich öffnete das Fenster und sah zu den Sternen empor. Sie hatten in den eisigen Nächten Rußlands auf mich herabgelächelt und mich einen alles umfassenden, über das Schicksal des einzelnen hinausgehenden Frieden gelehrt. Diesen Frieden fühlte ich nun, als ich auf den Jungen hinabsah, der davon geträumt hatte, eines Tages ein Mann zu werden, und der ohne Bitterkeit aus diesem Leben geschieden war, weil er wußte, daß dies nicht das Ende war.

In den folgenden Jahren fand ein Wandel meines eigenen Bewußtseins statt.

Schon immer hatte mich die Möglichkeit fasziniert, daß es körperliche und geistige Übungen gibt, die den Blick in eine erweiterte Realität erlauben. Paul Brunton beschreibt anläßlich seiner Begegnung mit dem Weisen, Ramana Maharshi, ein bewußtseinserweiterndes Erlebnis dieser Art: »Ich weiß nur, daß ein steter Strom der Ruhe und Gelassenheit an mir vorüberzufließen scheint, daß ein unendlicher Friede in alle Bereiche meines Wesens dringt und daß mein von Gedanken gemartertes Hirn endlich an einem Punkt der Ruhe anzukommen scheint.«

Auf meiner Suche nach einer Erklärung für ein derartiges Erlebnis fiel mir nach dem Krieg das Buch Yoganandas in die Hände: *Autobiographie eines Yogi.* Ich fand Antworten auf viele meiner Fragen und folgte seiner Lehre, die für meine Entwicklung entscheidend wurde.

Viele Jahre später brachten mich eine Reihe eigenartiger Geschehen mit dem bedeutenden geistigen Lehrer Sathya Sai Baba in Südindien zusammen. Die Begegnung mit ihm war ein Ereignis, das ich nicht mit logischem Denken erklären kann.

Ich machte eine ähnliche Erfahrung wie Carl Friedrich von Weizsäcker, als er vor das Grab des Ramana Maharshi trat und in seinem Innersten feststellte: »Ich wußte im Blitz, ja, das ist es. Eigentlich waren schon alle Fragen beantwortet... das Wissen war da, und in einer halben Stunde war alles geschehen... Ich war jetzt ein völlig anderer geworden: Der, der ich immer gewesen war.«

Ob und inwieweit der Mensch sich an frühere Existenzen zu erinnern vermag, ist ein interessantes und umstrittenes Gebiet. Es schien mir daher angebracht, die verschiedenen Theorien zu beleuchten, die eine Erklärung für die Erinnerung in Hypnose an offenbar frühere Leben zum Ziel hatten. Vielleicht sind solche Erinnerungen nur ein Ausschnitt aus einer unerschöpflichen Bilderflut des menschlichen Unterbewußtseins, die mit Hilfe der Hypnose sozusagen angezapft werden kann. Vielleicht inszeniert die Seele selbst eine Art Psychodrama und verarbeitet – unter dem Deckmantel der Erinnerung an frühere Leben – ihre eigenen Probleme. Nicht selten bringen solche Erlebnisse den Ursprung von Problemen an die Oberfläche und somit auf eine dem Bewußtsein des Patienten zugänglichere Ebene. Des öfteren habe ich nach einer sinnvollen und erfolgreichen Regression beträchtliche körperliche und geistige Heilungserfolge feststellen können.

Nach der landläufigen Vorstellung ist die Theorie der Reinkarnation ein Element der östlichen Religionsphilosophie, obwohl auch westliche Philosophen die Möglichkeit der Weiterentwicklung durch Wiedergeburt seit Jahrhunderten in Betracht zogen.* In einem Bericht der Yale Review entdeckte ich kürzlich eine bemerkenswerte Erklärung für die Unsterblichkeit:

»Da den meisten von uns beigebracht wurde, daß wir das Leben nur mit Hilfe des Körpers erfahren können, identifizieren wir inzwischen das Leben mit dem Körper.
Aus diesem Grund erscheint uns der Verfall des Körpers gleichbedeutend mit dem Ende. Den meisten Menschen fällt es schwer, diese Vorstellung aufzugeben, da sie zu sehr in der philosophischen Vorstellung befangen sind, die Seele gehöre in das Reich der Emotion oder gar in das der Phantasie und Materie sei die einzige Realität. Diese Vorstellung beinhaltet scheinbar Logik, Sicherheit und den Weg zum materiellen Erfolg. Doch sowohl die Philosophen wie auch die Naturwissenschaftler erklären, daß das Universum nicht alleine aus Materie besteht, sondern daß darüber hinaus eine andere Realität existiert und daß Materie nicht notwendigerweise Materie sein muß, obwohl wir sie als solche wahrnehmen.
Wenn wir annehmen, daß es die Seele ist, die Leben in den Körper haucht, und nicht umgekehrt der Körper Leben entstehen läßt, dann müssen wir auch einen Schritt weitergehen und daraus schließen, daß die Seele ohne den Körper existieren kann und bereits existiert, ehe sie in ihre gegenwärtige Hülle eintrat, und daß sie möglicherweise darüber hinaus schon mehrere solcher Leben geführt hat. Die moderne Wissenschaft hat herausgefunden, daß die Gesamtsumme der Materie und der Energie konstant bleibt. Wenn das Universum seine niedrigste Manifestation, nämlich die Materie, konstant bewahrt, könnte man daraus nicht folgern, daß es seine höchstentwik-

* Plato, Voltaire, Goethe, Emerson, Nietzsche, Lessing, Carlyle, Schiller, Schopenhauer, Blake und viele andere.

kelte Manifestation, das menschliche Bewußtsein, ebenfalls konstant bewahrt?«

Aber warum erinnern wir uns dann nicht an frühere Leben? Es wäre für viele wahrscheinlich verwirrend, ja sogar in vieler Hinsicht gefährlich, und würde vermutlich den Prozeß unserer Evolution behindern. Die Erinnerung an eine derartige Erfahrung könnte ein Subsystem aktivieren und die Persönlichkeit eines solchen Menschen in negativer Weise beeinflussen.

Allzuoft besteht die Gefahr, daß sich ein Patient auf eine in sein Gedächtnis zurückgerufene dramatische Begebenheit aus einem früheren Leben fixiert und in der Folge von Personen und Beziehungen heimgesucht wird, die nur in seiner Vorstellung existieren.

Hieraus können konfliktreiche Situationen und ernsthafte Probleme für die realen und aktuellen Beziehungen erwachsen. Trotzdem kommt es vor, daß Erinnerungen an frühere Existenzen als Manipulationsmittel benutzt werden. Aus guten Gründen bleiben für die meisten von uns Erinnerungen an frühere Leben verborgen. Wir brauchen uns nicht mit einer eventuellen Schuld oder mit problematischen Beziehungen auseinanderzusetzen; wir können unser Augenmerk auf das Heute richten, auf ein friedliches Zusammenleben und ein freundliches Wohlwollen.

Ich bin jedoch davon überzeugt, daß Regression – vorausgesetzt, sie wird mit der richtigen Zielsetzung angewandt – in der Lage ist, die Therapie zu beschleunigen, das Spektrum des menschlichen Wissens zu erweitern und Fragen zur Interaktion der Menschen, ihrer Motivationen und Lebensziele zu beantworten.

Nun möchte ich Ihnen Charles Roberts vorstellen. Anhand seiner Geschichte werden die erstaunlichen Möglichkeiten einer Regression in frühere Existenzen deutlich. Wir werden Charles in zwei seiner früheren Leben begleiten, die offenbar bei der Entwicklung des Charles Roberts von heute mitgewirkt haben. Wir werden dem »Weisen in ihm« begegnen, der möglicherweise mit dem »Weisen in uns allen« verwandt ist.

Es ist weitaus erstaunlicher, zweimal
geboren zu sein als nur einmal.
Voltaire

3.
Das Rätsel um Charles: mehrere Leben?

Ich lernte Charles Roberts rein zufällig kennen. Im Herbst 1977 stand Maya, meine Frau, am Ladentisch einer Buchhandlung in Los Angeles und wartete darauf, bedient zu werden. Eine Kundin sprach über ein Buch, das sie soeben gelesen hatte: *A Matter of Immortality* (Die unsterbliche Seele) von Jess Stearn. In ihrer Begeisterung wandte sie sich an Maya und schwärmte von dem Hypnoseexperiment, das in diesem Buch beschrieben wird. Maya war darüber sehr erfreut und erwiderte, es sei ihr Mann gewesen, der die Hypnose durchgeführt habe, die Jess Stearn seiner Geschichte des bekannten Mediums Maria Moreno zugrunde gelegt hatte. Die Frau kaufte fünf weitere Exemplare und eilte davon, um ihren Freundinnen zu berichten.

Daraufhin trat eine sehr hübsche junge Dame an den Ladentisch. Sie hatte das Gespräch mit angehört und fragte Maya, was sie von Hypnose hielte. Zögernd erkundigte sie sich, ob ich auch Regressionen durchführe und ob es sehr lange Wartezeiten in meiner Praxis gäbe. Sie berichtete weiter, daß ihr Mann wegen seiner, ihm selbst unverständlichen Verhaltensweisen eine Hypnosetherapie ausprobiert hatte, jedoch ohne Erfolg. Vielleicht war hypnotische Regression der richtige Weg, verschüttete Erlebnisse der Vergangenheit an die Oberfläche des Bewußtseins zu bringen – Erlebnisse in der Kindheit oder in einem früheren Leben, fügte sie hinzu.

Maya zeigte Verständnis für die Probleme dieser attraktiven jungen Frau und gab ihr meine Telefonnummer. Einige Wochen später rief mich ihr Mann in meiner Praxis an, und ich erinnere mich, am nächsten Morgen meine Frau über den Frühstückstisch hinweg scherzhaft gefragt zu haben: »Seit wann bringst du mir von deinem Einkaufsbummel Patienten mit nach Hause?«

Eine Woche danach begegnete ich Charles Roberts das erste Mal. Der Mann, der an jenem Novembertag des Jahres 1977 in meine Praxis kam, schien in keiner Weise etwas Besonderes zu sein oder sich auf den ersten Blick von meinen übrigen Patienten zu unterscheiden. Er war damals siebenunddreißig, dunkelhaarig, gut aussehend und gab sich selbstbewußt. Aus seiner Lebensgeschichte ging hervor, daß sein Vater schottischer und seine Mutter mexikanischer Abstammung war. Er stammte aus einer einfachen Arbeiterfamilie in Los Angeles. Nach drei Jahren verließ er vorzeitig das College, da ihm die technische Ausbildung zu einseitig und restriktiv erschien. Sein wirkliches Interesse, so sagte er, galt der Musik, und er schlug sich mehr schlecht als recht als Sänger durch.

Nach seiner Heirat im Jahre 1965 benötigte er ein geregeltes Einkommen und nahm einen Job bei einer großen Brauerei an. 1974 unternahm er eine vierwöchige Reise nach Europa und besuchte Österreich, die Schweiz und Deutschland. England, Irland und China, drei Länder, die für den Fortgang der hier berichteten Geschichte von Bedeutung sind, hat er nie in seinem Leben gesehen.

Bei unserem ersten Treffen erfuhr ich, daß Charles vor allem wegen seiner unkontrollierbaren aggressiven Gemütsausbrüche bei mir Hilfe suchte, die für seine Ehe und seinen Arbeitsplatz zu einer ständigen Gefahr geworden waren. Frühere Versuche, dieses Problem mit Hilfe von Hypnose zu lösen, waren gescheitert, und er bezweifelte, daß ich ihm helfen konnte, doch er war bereit, einen weiteren Versuch zu wagen.

Es überraschte mich nicht wenig, daß sich Charles unmittelbar zu Beginn der ersten Hypnosesitzung in ein früheres Leben begab und die Erfahrungen seiner jetzigen Existenz einfach übersprang. Normalerweise liegt es mir fern, einen Patienten in eine solche Situation zu führen, doch er war plötzlich mitten drin: in seinem stürmischen Leben als irischer Rebell im Jahre 1723. In unverkennbarem irischen Dialekt berichtete er mir von den letzten qualvollen Stunden seines Todeskampfes in jenem Leben.

Nachträglich bedaure ich, daß ich diese erste Sitzung nicht auf Band aufgenommen habe. Jede Beschreibung, die ich von Charles' Bericht über sein Leben in Irland zu liefern vermag, kann nur einen schwachen Abklatsch der Intensität seiner Erzählung wiedergeben. Selten in meinem Leben hat mich irgend etwas derart ergriffen wie Charles' in tiefer Trance gegebene detaillierte Beschreibung über die Umstände, unter denen er von englischen Soldaten auf der Folterbank zu Tode gemartert wurde. Aus seiner Stimme klang der Haß und der Zorn eines unsagbar gequälten Menschen.

Über meine Reaktion auf diese Sitzung schrieb Maya in ihren persönlichen Aufzeichnungen: »Eugene war erschüttert, als er nach Hause kam. Mehrere Stunden sagte er kein Wort. Als er endlich wieder sprach, erwähnte er nur, daß Charles offenbar direkt in ein früheres Leben hinabgetaucht war. Angesichts der Hoffnungslosigkeit dieses Lebens und des unbeschreiblich grausamen Todeskampfes, der ihm ein Ende gesetzt hatte, überlegte Eugene, ob er Charles je wieder in Hypnose versetzen sollte.«

Doch Charles selbst bestand darauf, die Hypnosetherapie fortzusetzen. Was immer mit ihm während unserer ersten Sitzung geschehen war, es hatte das emotionale Chaos in ihm zum Teil zu besänftigen vermocht. Auch seine Frau bemerkte nahezu von einem Tag auf den anderen eine Veränderung zum Guten.

Ich arbeitete also weiterhin mit ihm und vermied in der folgenden Zeit vorsichtshalber, in sein irisches Leben vorzustoßen, sondern versuchte seine Aufmerksamkeit auf eventuelle andere frühere Leben zu richten, die sein Unterbewußtsein zu erkunden bereit war.* In den darauffolgenden Wochen lernte ich mehrere von Charles' früheren Inkarnationen kennen: sein Leben als Aliena, ein 17jähriges mexikanisch-indianisches Mädchen (ohne

* Jedesmal, wenn ich Charles im späteren Verlauf der Therapie sein Martyrium in Irland durchleben ließ, achtete ich darauf, daß er es objektiver und möglichst emotionslos betrachten konnte, ohne die Qual der Folter durchleben zu müssen.

Jahresangaben), sein Leben als Chang Lu, ein Aufseher in einem Priesterhaus in China des Jahres 1422, sein Leben als Jonathan Mikter, ein deutscher Bergbauer (ohne Jahresangabe), sein Leben als Octavian, ein römischer Legionär im Jahre 23 nach Christus, und sein Leben als Ranta, ein Wissenschaftler in Atlantis.

Die für mich interessantesten dieser früheren Leben waren jedoch das des Iren Colin O'Brian und das eines Mannes namens James Stewart, eines Bankiers im England des 19. Jahrhunderts; denn ihre Existenz verlor sich nicht so weit im Dunkel der Geschichte wie die anderen, und es war möglich, diesbezüglich Nachforschungen anzustellen.

Durch die Sitzungen mit James Stewart bekam ich einen Einblick in die Vielschichtigkeit von Charles Roberts' Unterbewußtsein. Bei diesen Gesprächen berichtete er in ziemlich arroganter Weise von seinem Leben als englischer Gentleman.

Doch war er überhaupt ein Gentleman? Oder steckte mehr hinter der Geschichte dieses Bankierssohnes, der sich keine Gelegenheit hatte entgehen lassen, die Privilegien seines Standes zu seinem Vorteil zu nutzen? Diese Persönlichkeit steckte voller Widersprüche, denen ich durch eigene Nachforschungen auf den Grund zu gehen beabsichtigte – ein Vorhaben, welches ich im darauffolgenden Jahr in die Tat umsetzen konnte, als ich nach England und Irland fuhr, um nach den Spuren von James Stewarts und Colin O'Brians Leben zu suchen.

Im folgenden gebe ich die vollständigen Aufzeichnungen der ersten Sitzung mit Colin O'Brain und die einer späteren Sitzung mit James Stewart wieder. Darüber hinaus soll von den interessanten Entdeckungen berichtet werden, die ich in England und Irland auf den Spuren von James Stewart und Colin O'Brian machte.

Patient: Charles Roberts

Hypnotische Regression:
Leben in Irland
3. Juli 1977

...Ja?
Frage: Wie heißen Sie?
Antwort: Cook. Cowell-Cowen?
F: Können Sie das bitte buchstabieren?
A: O-B-r-i-a-n.
F: Ist das Ihr vollständiger Name?
A: Colin. C-o-l-i-n. Colin O'Brian.
F: Wie alt sind Sie?
A: Ich bin neunzehn, Sir.
F: Und wo befinden Sie sich gerade?
A: Bei der Scheune.
F: Leben Sie in einem Dorf? Und wie heißt es?
A: Donegal.
F: Wie bitte?
A: Donegal.
F: Können Sie das buchstabieren?
A: D-o-n-e-g-a-l.
F: Und wo liegt das?
A: In Irland.
F: In der Nähe von Dublin?
A: Es ist ziemlich weit von Dublin.
F: Liegt es auf derselben Seite wie Dublin?
A: An der abseitigen Küste.
F: An der Westküste also?
A: Ja.
F: Was tun Sie gerade?
A: Ich verstecke mich in einer Scheune vor den verdammten Briten.
F: In einer Scheune? Und warum nennen Sie sie »verdammte Briten«?

A: Sie sind seit Tagen hinter mir her.
F: Weshalb?
A: Weil ich ein paar ihrer Soldaten getötet habe. Ich stehe auf ihrer Fahndungsliste ganz oben.
F: Welchen Beruf haben Sie?
A: Eigentlich bin ich Bauer, doch wer kann unter solchen Umständen schon davon leben...
F: Was tun Sie sonst noch?
A: Ich tue meine Pflicht.
F: Und was ist Ihre Pflicht?
A: Diese gottverdammten Briten töten.
F: Sie sind erst neunzehn und geben sich mit einem solch blutigen Geschäft ab?
A: Ich bin nicht der einzige.
F: Wer ist sonst noch auf Ihrer Seite?
A: Viele... Wir müssen dieses Land von den Briten befreien. Sie nehmen uns alles – auch das, was wir zum Leben brauchen. In Irland herrscht Armut und Hunger. Das kann nicht so weitergehen! Wir müssen sie davonjagen – und zwar bald. Sie haben Verderben über dieses Land gebracht, und solange nicht der letzte Engländer von unserer Insel vertrieben ist, werden wir mit leeren Händen dastehen. Dieser Aufgabe widme ich meine ganze Kraft.
F: Wie sieht Ihr Kampf aus?
A: Wir haben eine Bürgerwehr. Wir haben uns überall organisiert: von Armagh bis Dublin.
F: Sind Sie einer der Anführer des Widerstands?
A: Ja.
F: So jung – gerade erst neunzehn – und trotzdem waren Sie bereits einer der Anführer...
A: Was soll das heißen: ich *war*?
F: Wann sind Sie geboren?
A: 1704.
F: Und wo gingen Sie zur Schule?
A: Ich bin nie in meinem Leben zur Schule gegangen.
F: Leben Ihre Eltern noch?

A: Sie sind seit Jahren tot... Die armen Teufel! Mutter schuftete sich zu Tode... Sie war erst vierunddreißig...
F: Weshalb mußten sie so hart arbeiten? Waren sie Sklaven?
A: Sie versuchten nur, ihr Land zu behalten. Sie versuchten, ihr eigenes Land nicht zu verlieren – trotz der irrsinnigen Steuern...
F: Wie alt war Ihr Vater, als er starb?
A: Er war noch jung. Er war achtunddreißig, als sie ihn umbrachten.
F: Haben Sie Geschwister?
A: Einer meiner Brüder lebt noch. Die Briten jagten ihn vor Jahren davon... Hab' nichts mehr von ihm gehört – seitdem...
F: Sie waren also ein Rebell...
A: Ich *bin* ein Rebell! Ich bin einer der Aufständischen*
F: Sind Sie bekannt?
A: (lacht)... Das kann man wohl sagen... (lacht erneut)... Ich habe in jedem Haus der Stadt Unterschlupf gefunden... (ernsthaft): Aber sie bekommen Schwierigkeiten..., große Schwierigkeiten, wenn sie mich verstecken. Und sie haben schon genug Probleme...
F: Können Sie mir eine wichtige Schlacht nennen?
A: Das sind Scharmützel, Mann! Scharmützel und keine Schlachten. Und jedes davon ist wichtig...
F: Können Sie mir den Namen Ihres militärischen Führers nennen?
A: Da gibt es mehrere... Sullivan zum Beispiel. Sully, er kommt und bringt uns die Einsatzbefehle.
F: Er kommt und bringt Ihnen die Einsatzbefehle? Haben Sie ein Hauptquartier?
A: In Dublin, ja. Oder Tully zum Beispiel. Andy – Andy Tully.

* Als ich Charles in der Vergangenheitsform fragte: »Sie waren also ein Rebell?« korrigierte er mich lautstark und in einem Tonfall, als hätte ich ihn beleidigt: »Ich *bin* ein Rebell!« Dieser Umstand weist erneut auf seine emotionale Verstrickung in einen längst vergangenen zeitlichen Bezugsrahmen und in seine ehemalige Existenz als irischer Rebell hin. Bei der Revivikation wird die Vergangenheit zu gegenwärtig Erlebtem.

F: Auch einer Ihrer Anführer?

A: Ja... oder Michael...

F: Versuchen Sie sich bitte an ein wichtiges Gefecht zu erinnern. In welchem Jahr fand es statt?

A: 1723.

F: Haben Sie gesiegt?

A: Wir haben viele Leute verloren, damals... Viele gute Männer... und Frauen... und auch Kinder... zu viele... Aber wir werden siegen! Wir werden siegen, denn Gott ist auf unserer Seite. Wir stehen in seiner Gunst, Mann, und wir werden diese verdammten Briten aus dem Land jagen.

F: Wie lange dauert Ihr Freiheitskampf schon?

A: Wir kämpfen seit Jahren. Seit vielen, vielen Jahren. Wir wollen unsere Unabhängigkeit von England. Wir wollen in Frieden gelassen werden – sonst nichts. Ich bin ein friedliebender Mensch, aber ich kann mich einfach nicht mehr mit diesen Zuständen abfinden. Die Briten haben meinen Vater getötet! Die Briten haben meine Brüder getötet! Und ich zweifle nicht daran, daß sie auch mich töten werden, doch wie könnte ich ohne Freiheit leben?

F: Seit wann kämpfen Sie gegen die Engländer?

A: Solange ich zurückdenken kann, Sir.

F: Sind Sie jemals verwundet worden?

A: Oft.

F: Waren Sie im Gefängnis?

A: Oft.

F: Und wo?

A: Dieses Jahr zum Beispiel im Pfahllager.*

F: Wie und an welchem Körperteil wurden Sie verwundet?

A: Ich wurde dreimal von einer Kugel getroffen, Sir. Zweimal im Arm und einmal im Bein. Von den zahllosen Prügelstrafen ganz zu schweigen...

F: Und wie steht es mit Krankheiten?

* Die Übersetzung des von Charles gebrauchten Wortes »Stockades« lautet »Estakade«. Es handelt sich um ein Fort mit hölzerner Einpfählung.

A: Es gibt ansteckende Krankheiten bei uns... Epidemien, die wir nicht loswerden. Den Briten ist das egal. Ihnen wäre es wahrscheinlich am liebsten, wenn wir alle draufgingen – würde ihnen 'ne Menge Munition sparen...

F: Wie lange waren Sie im Gefängnis?

A: Die längste Zeit bisher waren drei Monate. Man konnte mir nichts beweisen – bis heute...

F: Was wollen sie von Ihnen?

A: Vor allem wollen sie natürlich die Versammlungsorte der Widerstandsbewegung herausbekommen. Aber auch von wem wir unsere Befehle erhalten und wer den Widerstand organisiert. Aber von mir werden sie nichts erfahren!

F: Halten Sie auch Reden?

A: Es braucht nicht viele Reden, die Männer in Harnisch zu bringen.

F: Nein?

A: Nicht bei diesen Verhältnissen... Sie lassen uns nicht in Ruhe. Die Steuern sind so hoch, daß nichts mehr übrigbleibt, sie behandeln uns schlimmer als Tiere. Sie spucken uns an, wenn wir vorübergehen, und sie treten nach uns, wenn wir in ihre Nähe kommen. Sie nehmen einem Mann jeden Funken Selbstachtung. Sie nehmen unsere Frauen nach Belieben. Sie quälen und verrohen unsere Kinder. Ich bin nicht länger bereit, dies hinzunehmen, und ich werde jeden gottverdammten Engländer töten – das schwöre ich...

F: Sind Sie verheiratet?

A: Nein... Dafür habe ich keine Zeit, Mann. Keine Zeit für so etwas...

F: Sind Sie hauptsächlich in dieser Gegend aktiv gewesen?

A: Ich bin bis nach Dublin gekommen... Ich habe die Organisation in kleineren Ortschaften übernommen und die Männer davon überzeugt, daß sie nach den Waffen greifen und sich uns anschließen müssen.

F: Was für Waffen haben Sie?

A: Flinten... Schwerter... Mistgabeln... Steine... Was immer uns in die Hände kommt... Wir sind schlecht ausgerüstet, und Bauern sind keine geborenen Krieger. Es ist schier unmöglich, aus ihnen einigermaßen passable Soldaten zu machen, aber bei Gott, das werden wir auch schaffen. Ich selbst werde das möglicherweise nicht mehr erleben, aber wir werden es schaffen. Und wir werden die verfluchten Engländer zum Teufel jagen!

F: Glauben Sie an Gott? Gehen Sie in die Kirche?

A: Ja, ich glaube an Gott. Aber ich habe seit Jahren keinen Fuß mehr in eine Kirche gesetzt, und bei Gott, dabei wird es auch bleiben!

F: Was haben Sie gegen die Kirche?

A: Alles, was sie dem Volk zu sagen haben, ist: Verbündet euch mit den Engländern. Von ihren Kanzeln predigen sie, daß das – d-a-s – der Ratschlag Gottes sei! Ich verfluche den Tag, an dem sie auch unsere Kirchen übernommen haben.

F: Erzählen Sie mir etwas über die Farbe grün.

A: Ja, Mann! Mein Wort... Ich trage ein Armband, ein grünes Armband. Es bedeutet, daß ich einer von denen bin, die kämpfen... Auf der Straße kann ich es natürlich nicht offen zeigen, aber ich trage es tagaus, tagein unter meinem Rock.

F: Wo verstecken Sie sich zur Zeit?

A: Unter unserem Haus – seit einiger Zeit schon.

F: Im Keller?

A: Nein, Mann. Unter dem Haus. Ich hab' mir ein Versteck gegraben...

F: Und wie essen Sie?

A: Freunde bringen mir Essen. Wenn die Briten wüßten, wo ich mich verstecke, wäre ich längst wieder im Pfahllager. Ich kann von Glück sagen, daß ich noch lebe. Und Gott sei mein Zeuge; solange ich noch einen Tropfen Blut in meinen Adern habe, werde ich diese verfluchten Engländer jagen und töten...

F: Atmen Sie jetzt langsam und regelmäßig... Sie sehen das jetzt alles ohne Haß... Sie sind jetzt tot... Können Sie mir sagen, wo ihr Körper sich befindet?

A: Im Gefangenenlager.

F: Wie alt waren Sie?
A: Zwanzig.
F: Können Sie mir sagen, auf welche Weise Sie starben?
A: Man hat mich auf eine Maschine geschnallt..., die meine Glieder streckte... Die Arme, die Beine, den Kopf..., eins nach dem anderen. Zuerst rissen Sie mir den linken Arm aus, dann den rechten. Das linke Bein (atmet schwer), das linke Knie... und dann das rechte... Ich war bei Bewußtsein, und sie gossen mir Wasser ins Gesicht... Und dann das Schwert... Sie stachen auf mich ein, bis ich starb... starb...
F: Was geschah mit ihrem Körper? Hat man Sie begraben?
A: Sie haben meine Leiche in den Fluß geworfen.
F: Sie wurden also nicht begraben?
A: Nein.
F: Entspannen Sie sich jetzt. Atmen Sie langsam ein... und aus. Ihre Gedanken lösen sich... Sie fühlen einen großen Frieden... Sie sind ganz ruhig jetzt... Sie kehren langsam wieder in Ihr gegenwärtiges Leben zurück. Wenn ich bis fünfzehn gezählt habe, beginnen sie zu erwachen. Eins... zwei... drei... usw.

(Nachdem der Patient die Regression in sein Leben als irischer Rebell beendet hatte, verschwand der irische Akzent aus seiner Stimme.)

Patient: Charles Roberts

Hypnotische Regression:
Northampton
29. 11. 1977

F: Wie heißen Sie?
A: James.
F: Und Ihr Nachname?

A: Stewart.
F: Stewart?
A: Stewart.
F: Wo leben Sie jetzt?
A: York. Yorkshire?... Yorkshire Road.
F: Welche Nummer?
A: Yorkshire 17.
F: Wo ist das.
A: In Northampton.
F: Und wo liegt Northampton?
A: In Großbritannien.
F: Wie weit ist es nach London?
A: Drei Tage.
F: Drei was?
A: Eine Reise von drei Tagen.
F: Wann sind Sie geboren?
A: 1801, glaube ich.
F: Haben Sie einen zweiten Vornamen?
A: Edward.
F: Erinnern Sie sich an den Namen Ihres Vaters?
A: William. William, Edward. William Edward.
F: Und der Name Ihrer Mutter?
A: Alice? Ich glaube Alice.
F: Was macht Ihr Vater?
A: Er besitzt eine Bank.
F: Er ist Bankier?
A: Ja.
F: Und Ihr Beruf?
A: Ich gehe zur Schule.
F: Wissen Sie den Namen Ihrer Schule?
A: Gray... Cra... Kreton. Creat. Craiton?
F: Können Sie ihn buchstabieren?
A: C-r-e-i-g-h-t-o-n.
F: Wie alt sind Sie?
A: Ich bin zwölf.
F: Wie lang gehen Sie schon auf diese Schule?

A: Ich war auch an der Draidon-Schule.
F: Leben Sie bei Ihren Eltern?
A: Ich lebe in der Schule. Zu weit.
F: Ist Ihre Schule in Northampton?
A: Am Rande der Stadt. Zu weit zum Laufen.
F: Was haben Sie gemacht, ehe Sie zur Schule gingen?
A: Ich war zu Hause – die meiste Zeit.
F: Hatten Sie ein großes Haus?
A: Ja, sehr groß...
F: Was ist Ihre Mutter für eine Frau?
A: Sie ist sehr klein. Sehr zierlich und kränklich. Mum ist immer krank.
F: Ist sie bettlägrig?
A: Ja.
F: Und wie heißt ihr Arzt?
A: Dr. Williamson.
F: Waren Sie auch oft krank, als Sie noch klein waren?
A: Ja.
F: Was fehlte Ihnen?
A: Erkältung.
F: Erkältung?
A: Immer!
F: Welche Medizin bekamen Sie gegen die Erkältung?
A: Irgendwas zum Trinken.
F: Von Dr. Williamson?
A: Williams.
F: Sie gehen also jetzt zur Schule? Wann haben Sie die Schule verlassen?
A: Ich habe die Schule nicht verlassen...
F: Sie sind jetzt sechzehn. Gehen Sie noch immer zur Schule?
A: Ja!
F: Und jetzt sind Sie siebzehn. Sind Sie noch immer an der Schule?
A: Nein.
F: Was machen Sie jetzt?

A: Ich habe meine Ausbildung für einige Zeit unterbrochen, um mich von dem ganzen akademischen Kram etwas abzulenken. Überhaupt – das Studium! Es hängt mir allmählich zum Halse raus.

F: Aha. Und was machen Sie jetzt?

A: Ich werde eine Reise nach London unternehmen.

F: Waren Sie schon einmal dort?

A: Als ich noch klein war.

F: Und wie kommen Sie dahin?

A: Wir haben unsere eigenen Pferde und eine Kutsche.

F: Wie viele Pferde?

A: Für eine so weite Reise wie nach London nehmen wir immer vier Pferde.

F: Wie lange fährt man nach London?

A: Normalerweise drei Tage. Wenn es nicht unbedingt notwendig ist, sollen die Pferde auch nicht überanstrengt werden.

F: Und wo schlafen Sie unterwegs?

A: In Gasthäusern.

F: Erinnern Sie sich an die Namen dieser Gasthäuser?

A: Irgendwelche Gasthäuser. Ich kann mich nicht an die Namen erinnern. Ein kleines Dorf außerhalb der Stadt.

F: Und wo werden Sie die nächste Nacht verbringen?

A: Das hängt von den Pferden ab. Vielleicht fahren wir durch...

F: Okay, ich zähle jetzt bis drei, und Sie befinden sich in London. Eins, zwei, drei. Sie sind jetzt in London. Was sehen Sie?

A: Ah, phantastisch! Eine phantastische Stadt!

F: Wo wohnen Sie da?

A: Almae...? Almans! All Men's Club. Mein Vater ist Mitglied...

F: Das muß ein bekannter Club sein.

A: Weiß nicht, ob er bekannt ist.

F: Können Sie mir noch einen Club nennen, der jetzt populär ist?

A: Landmmm. Irgend etwas mit... Land...

F: Versuchen Sie zu buchstabieren.

A: Land. L-and. Lan... London... Der London Club.
F: In welcher Straße liegt er?
A: Keine Ahnung.
F: Kennen Sie auch noch andere Lokalitäten?
A: Im Laufe der Zeit bestimmt...
F: Was haben Sie vor?
A: Wie ich schon sagte, habe ich vor, etwas Zerstreuung zu finden, mich zu amüsieren...
F: Wie zum Beispiel?
A: Ich werde natürlich ins Theater gehen, ein bißchen einkaufen, mich umsehen... die Ladies bewundern – das kommt natürlich an erster Stelle.
F: Haben Sie eine Freundin?
A: Nein, Frauen liegen mir nicht besonders...
F: Spielen Sie?
A: Roulette.
F: Gehen Sie manchmal in ein Bordell?
A: (kichernd) Ja.
F: Wegen des Sex?
A: Natürlich.
F: Haben Sie dort eine ganz bestimmte Frau? Jemanden den Sie besonders mögen?
A: Ich ziehe die Abwechslung vor – danke...
F: Wer herrscht zur Zeit über England?
A: Lassen Sie mich mal überlegen... Wir haben einen König – soviel steht fest. Edward, glaube ich. Aber zur Zeit ist es Victoria.
F: Welchen Beruf möchten Sie einmal ausüben?
A: Mein Vater möchte, daß ich einmal die Bank übernehme, aber ich glaube, das ist nicht nach meinem Geschmack. Ich weiß nicht, was ich mal machen werde...
F: Wie heißt die Bank Ihres Vaters? Und in welcher Straße liegt sie?
A: Canterby...
F: Canterby Street oder Canterby Bank?
A: Canterby Street. Savingsbank.

F: Ist es weit von Zuhause?

A: Zwei Straßenblocks etwa.

F: Wir zählen jetzt von eins bis drei, und Sie befinden sich in der Bank. Eins – zwei – drei. Sie sind jetzt in der Bank. Sie arbeiten hier. In welcher Funktion?

A: Ich bin Hilfskassierer... Und ich hasse diese Arbeit!

F: Haben Sie hier auch Freunde?

A: Nein! Ich kann diese Leute nicht ausstehen. Ich werde hier so bald wie möglich verschwinden...

F: Haben Sie das getan?

A: Wie bitte?

F: Ich zähle jetzt von eins bis drei, und Sie sind nicht mehr in der Bank. Eins – zwei – drei. Sie sind jetzt fünfundzwanzig. Was machen Sie zur Zeit?

A: Nichts.

F: Bekommen Sie Geld von Ihrem Vater?

A: So ist es.

F: Hatten Sie mit Ihrem Vater deshalb keine Auseinandersetzungen? Weil Sie nicht arbeiten...

A: Ja. Natürlich.

F: Sie haben also Ihr Zuhause verlassen?

A: Nur vorübergehend.

F: Ich zähle jetzt von eins bis drei, und Sie sind dreißig. Was machen Sie jetzt?

A: Ich bin wieder in der Bank.

F: In welcher Funktion arbeiten Sie jetzt hier?

A: Ich habe die Bank übernommen – anstelle meines verstorbenen Vaters.

F: Wann ist er gestorben? Wie alt war er?

A: Er war vierundsechzig.

F: Waren Sie bei ihm? Wie ist er gestorben?

A: Ja, ich war bei ihm. Er hat seinem Herzen zuviel zugemutet. Überarbeitung – armer Mann.

F: Und nun sind Sie der Bankier?

A: Nun ja... Ich versuche, mich nicht in die Position meines Vaters drängen zu lassen. Diese Art von Leben füllt mich nicht aus, und ich habe einen Geschäftsführer angestellt, der sich um die Geschäfte kümmert.

F: Sind Sie beliebt?

A: Natürlich nicht.

F: Nein?

A: Nein, nicht im geringsten. Ich kann diese Leute nicht ausstehen.

F: Waren Sie in der Armee?

A: Ich hatte die Gelegenheit, mich – sagen wir mal – freizukaufen. Mein Vater kümmerte sich darum. Wer um alles in der Welt möchte schon nach Indien! Du lieber Himmel!

F: Weshalb Indien?

A: Weil dort die meisten meiner Bekannten schließlich endeten, die zur Armee gingen.

F: Verstehe. Ich zähle jetzt wieder von eins bis drei, und Sie sind dann vierzig. Eins – zwei – drei. Sie sind jetzt vierzig Jahre alt. Was machen Sie inzwischen?

A: Mittlerweile bin ich in den Geschäften der Bank stärker engagiert. Ich habe mich auf Kapitalanlagen spezialisiert.

F: Verdienen Sie viel?

A: Ja. Grundbesitz. Land.

F: Haben Sie ein Hobby?

A: Nein.

F: Was machen Sie mit dem Geld?

A: Reinvestieren.

F: Sind Sie verheiratet?

A: Nein. Ich finde keine passende Frau für mich.

F: Weshalb nicht?

A: Sie müssen wissen, daß ich sehr reich bin. Jede Frau würde mich wegen meines Geldes heiraten, und das kann ich nicht akzeptieren.

F: Sind Sie gläubig? Glauben Sie an Gott?

A: Nein – gewiß nicht.

F: Wir wollen jetzt in der Zeit noch weiter vorrücken – zu dem Tag, an dem Sie sterben. Wie alt sind Sie?

A: Ich glaube... glaube ich bin 59.

F: Sind Sie sehr krank?
A: Ja.
F: Wissen Sie, was Ihnen fehlt?
A: Nein. Diese Dummköpfe von Ärzten haben keine Ahnung.
F: Haben Sie Fieber? Ist Ihnen heiß?
A: Kalt! Mir ist schrecklich kalt.
F: Wer behandelt Sie?
A: Dr. Lavitt.
F: Bekommen Sie Spritzen? Medikamente?
A: Nein, ich bekomme Kräutertees.
F: Helfen die Ihnen?
A: Nein.
F: Sie liegen im Sterben. Wissen Sie, wann Sie gestorben sind? Die Jahreszeit?
A: Es war sehr kalt. Im Winter. 61 glaube ich. 1861.
F: Wo wurden Sie begraben?
A: Auf einem kleinen Friedhof.
F: Wissen Sie den Namen?
A: Der Name einer Kirche...
F: Einer protestantischen Kirche? Erinnern Sie sich an den Namen?
A: Es war eine anglikanische Kirche. St. Jimes.
F: St. James?
A: Ja, St. Jimes (Jiles).
F: Würden Sie sagen, daß Sie im Leben glücklich waren?
A: Nein – ganz bestimmt nicht.
F: Erinnern Sie sich daran, was Sie im Augenblick Ihres Todes gefühlt haben?
A: Ich war von einer ungeheuren Angst erfüllt.
F: Weshalb?
A: Ich war kein gläubiger Mensch, Sir.
F: Haben sie an ein Leben nach dem Tode geglaubt?
A: Ganz bestimmt nicht.
F: Haben Sie die Erfahrung gemacht, daß Ihre Seele nach Ihrem Tod weiterlebte?

A: Nachdem ich meinen Körper verlassen hatte, war das erste, was mir auffiel, daß mein Tod niemandem das Geringste auszumachen schien. Ich hatte Angst und sträubte mich, zu dem Licht zu gehen, das mich rief. Ich ging in die entgegengesetzte Richtung, denn ich wollte den Bereich meines alten Lebens nicht verlassen. Sehr bald bemerkte ich, daß ich mich außerhalb meines Körpers befand und keinen Kontakt mehr mit den Lebenden aufnehmen konnte... Eine furchtbare Erfahrung... Ich lief durch die Stadt, verkroch mich in meinem Haus und unternahm auch größere Ausflüge... Die Vermögensverwalter lebten nun in meinem Haus...; keine Möglichkeit, Kontakt aufzunehmen..., obwohl ich sie genau beobachten kann: – Ich habe meinen eigenen Leib, Sir. Für mich ist es wie ein Körper. Ich sehe ganz gut aus. Ich bin jung...

F: Wie lange existierten Sie als Seele?

A: Es ist ziemlich schwierig, das in Tagen auszudrücken... Dieser Zustand war ermüdend und langweilig für mich, vor allem weil ich keinen Kontakt mit den Lebenden fand. Offenbar hat es mit dem Leben und dem Tod eine ganz andere Bewandtnis, als ich geglaubt hatte. Ich kam zu dem Entschluß, mich dieser Person anzuvertrauen, die sich als ein Freund bezeichnete, und wir hatten eine lange Unterhaltung. Er versicherte mir, daß ich nichts zu fürchten hätte und daß ich mich in einem Übergangsstadium befände.

F: Haben Sie in Ihrer Existenz als Seele Ihre Eltern wiedergefunden?

A: Während der Übergangszeit hatte ich kurz meine Mutter getroffen. Mein Vater besuchte mich dann später. Er war kein gläubiger Mensch gewesen. Vor lauter Arbeit hatte er nie Zeit gefunden. Aber wir waren überzeugt, daß wir wieder zusammen reinkarnieren würden, um zu lernen, besser miteinander auszukommen.

F: Sind Sie später auch noch anderen begegnet?

A: Doch – ja. Vielen. Schulfreunden... Andrew. Ich erkannte sie wieder... Viele, viele...

F: Okay. Sie müssen sich jetzt entspannen. Wenn Sie den Wunsch verspüren, wieder aufzuwachen, werden Sie sich wieder in Ihrer gegenwärtigen Existenz befinden. Ich werde nun von eins bis drei zählen, und Sie werden Ihre Augen öffnen und sich frisch und ausgeruht fühlen. Sie werden als Charles Roberts aufwachen.
Eins, zwei, drei...

Auf der Suche nach James Stewart und Colin O'Brian

Es war im Sommer des Jahres 1978. Maya und Nicole hatten offenbar nicht die geringste Lust, an jenem grauen, verregneten Tag London zu verlassen und Phantomen aus Charles' Vergangenheit nachzujagen. Wir nahmen den Zug nach Northampton; etwa 70 Meilen nördlich von London. Es sah ganz und gar nicht so aus, als befänden wir uns auf der Traumreise, wie wir sie uns immer vorgestellt hatten. Konkrete Pläne zu schmieden hatte keinen Zweck, denn wer konnte schon wissen, wohin uns unsere Nachforschungen verschlagen würden. Das triste Wetter blieb nicht ohne Wirkung auf unsere Gemütsverfassungen. Northampton machte einen öden, trostlosen Eindruck, und ich bezweifelte, daß uns hier irgend etwas von Interesse erwarten konnte. Ich hatte nie angenommen, daß es besonders einfach sein würde – daß wir nur ein Taxi in die Yorkshire Road 17 zu nehmen brauchten und ein mitteilsamer Nachfahre James Stewarts uns erwarten und nur darauf brennen würde, zu bestätigen, daß alles, was Charles in Hypnose erzählt hatte, der Wahrheit entsprach.

Northampton ist eine Stadt der Lederwarenindustrie und ein Zentrum für Viehzüchter. Es fand gerade eine Lederwarenmesse statt, und die Stadt schien aus allen Nähten zu platzen. Wir versuchten es bei verschiedenen Hotels, ehe wir ein Zimmer bekamen. Sogleich nahmen wir uns ein Taxi zum Rathaus und ließen uns auf dem Weg dorthin an der St.-James-Kirche vorbeifahren. Aufgrund der ersten Erkundigungen in London wußten wir, daß es in Northampton eine St.-James-Kirche gab – genau wie

Charles gesagt hatte. Sogar die Sonne brach kurz durch die dichte Wolkendecke, als wir bei der Kirche ankamen. Ich wußte sofort, daß es die falsche Kirche war. Die St.-James-Kirche war eine unförmige, überdimensionale Anhäufung von Steinen, nicht älter als 60 oder höchstens 80 Jahre, und es war weit und breit kein Friedhof zu entdecken – nur ein unscheinbarer Park, der zudem verschlossen war. Auch die Kirche war verschlossen.

Zu unserer Enttäuschung war auch das Rathaus geschlossen, und da es erst nach der Mittagspause wieder öffnen würde, bezahlten wir das Taxi und machten uns daran, Northampton zu Fuß kennenzulernen. Irgendeine Spur mußte doch zu finden sein. Maya vertraute ihren Fähigkeiten der außersinnlichen Wahrnehmung (ASW) und war überzeugt, wir würden wie von selbst auf die Orte stoßen, die Charles beschrieben hatte. Es war ein langer Spaziergang durch die Stadt; vorbei an Lederwarengeschäften, einem Museum des Lederhandwerks und einem größeren Platz, auf dem ein Rindermarkt stattfand. Jenseits des Museums, schon beinahe am Rande der Stadt, stießen wir auf eine ziemlich stattliche, prachtvoll gebaute Kirche, die *All Saints* hieß. Obwohl sie auch einen Friedhof besaß, wußte ich sogleich, daß es nicht die von Charles erwähnte Kirche war. Wir gingen also weiter und stießen am Ende einer Seitengasse auf einen grünen Platz, der wie ein verwilderter Park aussah. Und inmitten dieser wuchernden grünen Pracht stand die St.-Giles-Kirche, etliche Jahrhunderte alt und von einem Friedhof umgeben. Alles stimmte genau mit dem Bild überein, welches Charles uns von der Kirche und dem Friedhof in seiner unmittelbaren Nachbarschaft vermittelt hatte – obwohl der Name nicht stimmte.

Auf unserem Weg zurück zum Rathaus kamen wir an einem Beerdigungsinstitut vorbei. Nicole bestand darauf, hineinzugehen. Sie dachte, vielleicht könnte uns hier jemand bei unserer Suche behilflich sein. Offenbar waren wir für die Leute dort zunächst eine herbe Enttäuschung, da wir niemanden zu beerdigen hatten und lediglich eine Auskunft wollten. Einer der Angestellten erbot sich, etwas von seiner Zeit zu opfern und uns behilflich zu sein. Wir erkundigten uns nach der Yorkshire Road, doch er sagte, eine Straße mit diesem Namen gäbe es nicht – allenfalls eine York Road. Wir fragten, ob es noch eine zweite St.-James-Kirche gab – eine mit Friedhof. Seine Antwort brachte in mir sämtliche Kirchturmglocken Northamptons zum Läuten: Es gibt nur eine St.-James-Kirche in der Stadt, doch da sie keinen eigenen Friedhof hat, werden die Leute, die in diesem Kirchensprengel sterben, seit jeher in St. Giles beerdigt. Doch als er »St. James« sagte, sprach er es wie »St. Jimes« aus; und es klang wie »St. Giles«. Auch Charles hatte »St. Jimes« gesagt. Wäre es denkbar, daß er eigentlich »St. Giles« gesagt hatte?

So schnell es die Höflichkeit erlaubte, verließen wir das Beerdigungsinstitut und gingen zurück zur St.-Giles-Kirche. Es war durchaus möglich, daß sie vor 150 Jahren die beliebteste Kirche der Stadt war. Wir betraten den von einem hohen, eisernen Gitterzaun umgebenen Friedhof und mußten feststellen, daß die alten Grabsteine keine Gräber mehr bezeichneten, sondern in einer Ecke des Friedhofs zu einem Mahnmal zusammengestellt waren. Es gab eine ganze Menge alter Inschriften, und wir entzifferten sie alle. Es hatte inzwischen zu regnen begonnen, und da die Namen auf den Steinen im Laufe der Zeit sehr stark verwittert waren, hatten wir nasse Füße, noch ehe wir einen Bruchteil der Inschriften entziffert hatten. Die Kirche war noch immer verschlossen.

Wir machten uns auf die Suche nach der York Road, und es stellte sich heraus, daß sie direkt um die Ecke von St. Giles lag – genau wie Charles die Lage seines Elternhauses beschrieben hatte... Die Häuser in der Straße waren sehr alt; manche davon alt genug, um Charles' Geburtshaus sein zu können. Die Gegend erweckte den Eindruck, als wäre sie vor Jahrhunderten eine bevorzugte Wohngegend des privilegierten Bürgertums von Northampton gewesen. Mehrere Häuser, u. a. auch die Nummer 17 waren zwar abgerissen und von Backsteingebäuden ersetzt worden, doch die alten Häuser, die noch standen, hatten sehr viel Ähnlichkeit mit der von Charles während der Hypnosesitzung gegebenen Beschreibung seines Elternhauses.

Maya und ich hatten allmählich den Eindruck, als würde sich

alles zu einem passenden Bild zusammenfügen. Wir nahmen ein Taxi zum Rathaus, doch wir mußten feststellen, daß das Einwohnerregister nur 50 Jahre zurückreichte. So wie es aussah, war das Bestattungsunternehmen noch die ergiebigste Informationsquelle, und wir fuhren zu dem Bestattungsinstitut zurück. Mehrere Leichenwagen standen vor dem Eingang, und drinnen herrschte rege Betriebsamkeit. »Das Geschäft scheint zu blühen«, begrüßte ich den in feierliches Schwarz gekleideten Herrn, und er erwiderte aufgeräumt: »O ja. In dieser Jahreszeit sterben sie wie die Fliegen. Leider bin ich nicht der Besitzer, ich bin nur ein Mitarbeiter.« Für weitere Auskünfte über das Sterberegister der Gemeinde verwies er uns an den Vikar von St. Giles und erbot sich, für uns beim Pfarramt anzurufen.

An diesem Punkt unterlief uns ein schwerer strategischer Fehler, denn wir rechneten nicht mit einer möglichen negativen Reaktion auf unsere Nachforschungen. Wie es schien, war der Vikar im Urlaub, und der hilfsbereite Herr vom Bestattungsinstitut erklärte dem stellvertretenden Seelsorger der Gemeinde den Grund unseres Besuches – und unser Interesse an Reinkarnation. Dem geistlichen Herrn am anderen Ende der Leitung verschlug es die Sprache, und er weigerte sich, den Vikar damit zu behelligen. Wir dachten, er würde eventuell seine Meinung ändern, wenn wir ihm einen persönlichen Besuch abstatteten. Offenbar hielt er uns für Abgesandte des Höllenfürsten, denn als wir bei ihm zu Hause ankamen, weigerte sich seine hochschwangere Frau, uns einzulassen. Sie knallte einfach vor unseren Nasen die Tür ins Schloß und stammelte nur: »Nein! Nein!«

Ich bedauerte unsere schon fast an Dummheit grenzende Ehrlichkeit und versuchte gegen ein flaues Gefühl in der Magengegend anzukämpfen, das mich bei der Vorstellung befiel, man könnte uns kurzerhand die Einsicht in die Sterberegister verwehren, um deretwegen wir so weit gereist waren. Wir hatten bereits zu viele ermutigende Spuren entdeckt, um jetzt aufzugeben, und ich beschloß, die Leiter der kirchlichen Hierarchie zu erklimmen, bis ich jemanden finden würde, der bereit war, mir zu helfen. Später dann betrachtete ich diese Episode unserer Reise als einen Prüfstein für meinen Glauben und die Durchführbarkeit des gesamten Projekts. Als ich das Büro des Bischofs anrief und erfuhr, daß auch er im Urlaub sei, hatte ich allerdings vorübergehend den Eindruck, daß man uns am liebsten wieder auf dem Rückweg nach London sehen würde.

Wir versuchten es erneut bei unserem Freund im Bestattungsinstitut und fragten ihn direkt und ohne Umschweife um seinen Rat. »Sie müssen sich direkt an die Abtei wenden«, sagte er. »Dort führt man ein vollständiges Sterberegister von ganz Canterbury.«

Die Delapre Abtei, jahrhundertelang ein Nonnenkloster, war inzwischen zu einer öffentlichen Einrichtung säkularisiert worden. Sie lag in einem weitläufigen Park vor den Toren der Stadt und erweckte ganz den Eindruck, als sei sie der geeignete Ort, historische Archive zu beherbergen. Wir hatten eine Liste mit überprüfbaren Einzelheiten aus James Stewarts Leben in Northampton angefertigt – vorausgesetzt natürlich, dieser Mann hatte überhaupt je existiert.

Wir suchten nach einem Bankier, der wahrscheinlich im Jahre 1861 gestorben war – vermutlich an Lungenentzündung – und der entweder in St. James (St. Jimes) oder in einer anderen Kirche des Viertels, die Charles nicht mit Namen genannt hatte, begraben lag. Beide Kirchen müßten ganz in der Nähe von Charles' Elternhaus liegen. Während seiner Kindheit war er von einem Dr. Williamson und auf seinem Sterbebett von einem Dr. Levitt behandelt worden. Die Bank, die er von seinem Vater geerbt hatte, war höchstens zwei Blocks von seinem Wohnsitz entfernt gewesen, und als Junge hatte er die Great Creighton Schule besucht.

Mit Hilfe der freundlichen Historiker der Abtei entdeckten wir gleich zwei Adreßbücher aus jener Zeit: das Slater's Commercial Directory von 1862 und das Mercer & Crocker's Historical Directory von 1871. Fast auf Anhieb fand ich unter der Rubrik »Schulen und Bildungsanstalten« die Great Creighton Schule aufgeführt. Sie lag in einem kleinen Dorf namens Spratton, etwas außerhalb der Stadt. (Charles hatte einmal gesagt, daß er Internatsschüler gewesen war und daß der Schulweg zu weit gewesen sei, um ihn jeden Tag zu Fuß zu gehen. Außerdem erwähnte er noch eine zweite Schule, deren Name so ähnlich klang wie Dryton oder Dreyton, die nur ein paar Straßen von der York Road lag.) Im Adreßbuch fanden wir eine Dryden Schule, die tatsächlich ganz in der Nähe der York Road gelegen hatte. Sie war 1710 gegründet worden, und in dem Gebäude war inzwischen das Museum für Lederhandwerk untergebracht, das wir bereits an unserem ersten Tag in Northampton gesehen hatten. Auch die Great Creighton Schule existierte inzwischen nicht mehr.

Darüber hinaus entdeckten wir einen Hinweis auf die Savings Bank am St. Giles Square, ganz in der Nähe der York Road. Auch sie existierte nicht mehr. Bis zu diesem Punkt waren Charles' Angaben richtig – wenn man die Yorkshire Road von damals als die York Road von heute gelten ließ. Sowohl die zweite Schule wie auch die Bank lagen innerhalb der von Charles angegebenen Entfernung vom Haus seiner Eltern. Er hatte gesagt, die Bank sei in der Canterbury Street gewesen, doch während der vergangenen 150 Jahre waren die Straßennamen des öfteren geändert worden, und ein vollständiges Verzeichnis der Straßen im 19. Jahrhundert gab es nicht mehr. Im heutigen Northampton jedoch gibt es keine Canterbury Street, und in den Adreßbüchern fanden wir auch niemanden mit dem Namen Stewart, der damals Bankier gewesen war.

Unter der Rubrik »Ärzte« entdeckten wir einen Dr. William Williams, der 1862 noch am Leben war. Ein Dr. Flewitt wurde ebenfalls erwähnt. Bedenkt man, daß unter Hypnose oft eine Unklarheit der in die Erinnerung gerufenen Namen beobachtet wird, ist es durchaus denkbar, daß wir Charles' Dr. Williamson und Dr. Levitt entdeckt hatten.

Wir wühlten uns durch ganze Stöße von Tauf- und Sterberegistern des Kirchensprengels von St. Giles und stellten fest, daß Dr. Flewitt 1871 und ein Dr. Kerr Williams 1791 auf dem Friedhof von St. Giles begraben wurde.

Wie eine kalte Dusche wirkte auf uns die Seite 068 G des Sterberegisters von St. Giles: am 14. Juni 1861 war ein junger Mann namens John Stewart an Lungenentzündung verstorben. Er hatte in der St. Giles Street 29 gewohnt, nur einen Steinwurf weit entfernt von der York Road 17, doch er war kein Bankier, sondern Geselle in einer Drahtfabrik gewesen. Wir hatten also unseren Mann namens Stewart gefunden, der 1861 an Lungenentzündung gestorben war, doch es war der falsche. Ein anderer mit diesem Namen war in den Sterberegistern von 1861 nicht erwähnt und ähnlich klingende Namen, wie zum Beispiel Steward oder Stuart, sind in diesem Teil Englands äußerst selten.

Trotzdem waren wir inzwischen davon überzeugt, daß Charles' Bewußtsein in irgendeiner Weise Zugang zu den baulichen Gegebenheiten und den Bewohnern von Northampton während der Mitte des letzten Jahrhunderts haben mußte. Da Charles Roberts ganz gewiß kein Historiker war, schien die Annahme, er habe Nachforschungen über die sozialen und politischen Verhältnisse im England des 19. Jahrhunderts – insbesondere in Northampton – angestellt, reichlich an den Haaren herbeigezogen. Und selbst wenn er die Geschichte der Stadt studiert hatte, warum hatte er uns dann nicht die richtigen Namen der beiden Ärzte angegeben oder uns zumindest mit einem tatsächlich existierenden Bankier hinters Licht zu führen versucht? Die Register, die wir in der Abtei einsahen, waren endlose, in winziger Handschrift verfaßte Namenslisten, die in keiner Bibliothek der Welt auflagen und nirgendwo sonst als hier in Northampton einzusehen waren. Vor einem Jahrhundert hatte Northampton etwa 50000 Einwohner, und es erscheint mir äußerst unwahrscheinlich, daß Charles sämtliche Einzelheiten, die er uns mitgeteilt hatte, erfunden haben konnte.

Obwohl sich bei weitem nicht alles zu einem lückenlosen Bild zusammenfügte, erfüllte mich die Tatsache, daß Charles mit dem Leben der Stadt in jener Zeit offensichtlich vertraut war, mit Befriedigung. Besonders der Umstand, daß Northampton im 19. Jahrhundert im ganzen Lande wegen seiner Brauerei bekannt war und daß Charles in seinem gegenwärtigen Leben für eine große Brauerei arbeitete, erregte meine Neugier.

Wieder zurück in London, versuchten wir einen Einblick in

die Lebensgewohnheiten der Menschen jener Stadt während des letzten Jahrhunderts zu bekommen; mit der Absicht, eventuell einige Angaben aus Charles' recht hedonistischer Jugendzeit bestätigt zu finden. Wir machten einen »London Club« ausfindig – Charles hatte einen Club dieses Namens erwähnt – der 1768 gegründet worden war. Charles hatte auch von einem »All Men's Club« gesprochen, doch nachdem ich mir das Band noch einmal angehört hatte, schien es mir auch möglich, daß er »Almack's Club« gesagt hatte. Beide Clubs waren damals beliebte Männerclubs. Mitglied des »Almack's Club« konnte man nur durch Wahl und einen jährlichen Mitgliedsbeitrag werden. Dieser Club, der sich durch eine erlesene Mitgliederschaft auszeichnete, protegierte kulturelle Projekte, veranstaltete Dichterlesungen und dergleichen, doch auch dem Glücksspiel frönte man in seinen Räumen. Zu dieser Zeit war Victoria Königin von England. Der Thronfolger Edward war damals noch ein Kind.

Ermutigt durch die Authentizität von Charles' Angaben bezüglich seiner Londoner Jahre und bestärkt durch eine Reihe von Übereinstimmungen und Berührungspunkten mit den in Northampton recherchierten Fakten, beschlossen wir, unsere Reise nach Irland fortzusetzen und zu versuchen, etwas aus dem Leben des Colin O'Brian aus Donegal in Erfahrung zu bringen.

In Irland erwarteten uns größere Schwierigkeiten als in England, denn Colin O'Brian hatte vor 250 Jahren gelebt, und er war kein seßhafter und ehrenwerter Bürger gewesen. Da es zahllose Zusammenstöße zwischen den Rebellen und den Engländern gegeben hatte, sind bei weitem nicht alle dieser Scharmützel historisch belegt. Colins Schilderung der sozialen, wirtschaftlichen und politischen Lage Irlands stimmte allerdings mit den Ergebnissen unserer historischen Recherchen überein.

Während seiner ersten Sitzung hatte Charles von einer vagen Erinnerung an etwas Grünes an seinem Arm erzählt. Er hatte dem nie eine besondere Bedeutung beigemessen, und da in seiner gegenwärtigen Familie keine irische Abstammung nachweisbar war, gab es für ihn auch keinen Grund, zu wissen, daß grün die

Nationalfarbe Irlands ist. Erst später, während einer seiner Sitzungen als Colin O'Brian, erwähnte er, daß er das grüne Band mit Stolz getragen hatte.

Unsere Möglichkeiten, die Existenz Colins zu beweisen, waren also äußerst begrenzt. In seinem Bericht entdeckten wir allerdings zahlreiche Übereinstimmungen mit den geschichtlichen Tatsachen; insbesondere der Haß der irischen Bevölkerung gegenüber der britischen Besatzung und die Anwendung der berüchtigten Streckbank als Folterwerkzeug sind historisch nachgewiesen. Donegal, Colins Heimatstadt, war in jenen Tagen ein kleiner Seehafen gewesen, ein relativ wichtiges Marktstädtchen mit Poststation und Distriktverwaltung. Es bestand aus drei Straßen, 177 Häusern und einem Marktplatz. Damals waren katholische Messen verboten und der Besuch anglikanischer Gotteshäuser Pflicht. Es war die Zeit der Priesterverfolgung und der gewaltsamen Steuereintreibung. Die Machthaber finanzierten ihre Extravaganzen mit dem Geld, das sie der geknechteten Bevölkerung abpreßten. In der »Hearth Money Roll«, einem Steuerregister des Jahres 1665, entdeckten wir einen gewissen Edmund O'Bryan aus Duntarson Fawthen, Sprengel 2 der Donegal County. Dieser Eigenname war in jener Zeit nicht sehr verbreitet. Register, die über das Jahr 1665 hinausgingen, waren in Donegal nicht mehr aufzufinden.

4.
Zwischen den Leben: der Freund im Jenseits

So sehr sich die verschiedenen Reinkarnationen, an die sich Charles erinnerte, voneinander unterschieden, eines hatten sie gemeinsam: Die Begegnung mit einem »Freund und Lehrer« nach dem Tod. James Stewart aus Northampton hatte Angst vor dem Tod. Das mexikanische Mädchen und der alte Chinese akzeptierten und verstanden den Tod. Colin O'Brian war voll des Zorns, als er starb, und Bitterkeit gegenüber den kirchlichen und weltlichen Herrschern erfüllte ihn. Der deutsche Bergbauer hatte in dieser Hinsicht keine erkennbaren Glaubensinhalte geäußert. Doch alle begegneten sich beim Übergang von diesem in ein nächstes Leben einem geheimnisvollen Begleiter.

Mir waren die medizinischen Studien über Visionen auf dem Sterbebett bekannt, in welchen die Patienten von einem Geistwesen bzw. einer Gestalt aus Licht berichteten, die sie bereits erwartete und mit ihnen über ihr vergangenes Leben sprach.* Im Falle von Dr. George Ritchie liegt uns ein authentischer Bericht vor, in welchem er seinen klinischen Tod und seine gleichzeitige Begegnung mit einem geistigen Lehrer, den er Jesus nannte, beschreibt.

Ich erinnere mich lebhaft an eine Unterhaltung, die ich seinerzeit mit dem berühmten und verehrten Prof. Dr. Paul Niehans in den Straßen von Clarens, in der Schweiz, führte, während wir auf dem Weg zu seinem Labor waren. Wir hatten über die Frischzellentherapie gesprochen, mit der er sich damals beschäftigte. Ich selbst hatte auf diesem Gebiet gearbeitet, und unser Gespräch kreiste inzwischen um den Begriff Bewußtsein in der Materie

* Vgl. hierzu die Veröffentlichungen von Dr. Raymond Moody, Dr. George Ritchie, Dr. Karlis Osis und Dr. Michael Sabom.

und im Geist, in Steinen und in Zellen, im Leben und im Tod und auch jenseits davon... Dr. Niehans blieb abrupt stehen, um einen Gedanken zu verfolgen, und sein Blick verlor sich im Unendlichen. Die Nachmittagssonne lag auf seinem Gesicht, und plötzlich entdeckte ich in seinen Zügen eine beinahe unheimlich anmutende Ähnlichkeit mit einem anderen Mann – allseits bekannt und verehrt aufgrund seiner Bescheidenheit und Zurückhaltung: dieser Mann war Kaiser Wilhelm II., mit dem Professor Niehans übrigens verwandt war. Sein Blick kehrte zurück, und er sah mich aus seinen blauen Augen durchdringend an. »Ich kannte einen Mann«, erzählte er, »der klinisch bereits tot war. Mit Hilfe von Herzmassage und künstlicher Beatmung wurde er wieder ins Leben gerufen. Später berichtete er uns, daß er sich – während er ›tot‹ war – durch einen Tunnel bewegt hätte. Er bewegte sich frei und völlig ohne Atembeschwerden. Im Tunnel war es dunkel, nur ganz am Ende sah er ein Licht. Er näherte sich diesem Licht und dann – so sagte er – ergriff ihn jemand am Hals, und er erwachte wieder... Eine ganz ähnliche Geschichte erzählte mir mein Vater«, fuhr Niehans fort. »Er arbeitete damals als Chefarzt der Chirurgie in Bern. Einer seiner Patienten fiel ins Koma, und man hielt ihn für tot, doch sofort eingeleitete Wiederbelebungsversuche waren erfolgreich. Auch dieser Mann berichtete, daß er durch einen dunklen Tunnel auf ein helles Licht zugegangen war. Andere Schatten begleiteten ihn auf seinem Weg. Als er das Licht fast erreicht hatte, wachte er auf.« Niehans lächelte. »Sterben kann schwierig sein. Aber ich bin mir sicher, der Tod ist einfach. Und das Leben...« – sein Blick verlor sich wieder in der Ferne – »das Leben ist eine Kunst.«

Unsere Diskussion wandte sich den Gedanken C. G. Jungs zu, der annahm, daß ein Teil unserer Psyche höchstwahrscheinlich über den Tod hinaus und unbeeinflußt von Zeit und Raum weiterexistiert. Jung führte Beispiele von totalem Schock ins Feld; Fälle, in denen die Funktion der Großhirnrinde völlig zum Erliegen gekommen war und bei denen – trotz der totalen Bewußtlosigkeit – lebhafte Traumerfahrungen festgestellt wurden.

Offenbar – so überlegten wir – waren diese Patienten nicht tatsächlich tot gewesen. Eine Vielzahl ungelöster Fragen zu dieser komplexen Problematik drängte sich uns auf. Welche Bewandtnis haben die Träume, die wir kurz vor dem Erwachen haben? Welche Rolle spielte das Licht, das wir nach einem tiefen Schlaf durch die geschlossenen Lider wahrnehmen, ehe wir die Augen öffnen?

Viele Jahre sind seit diesem Gespräch mit Dr. Niehans vergangen. Die heftige Kontroverse bezüglich Körper, Geist und Seele hat mittlerweile an Vehemenz noch zugenommen und die Experten auf dem Gebiet der Medizin und Psychologie in zwei Lager gespalten. In jene, die von der Abspaltung des Bewußtseins und Loslösung der Seele überzeugt sind und dieses Konzept und Denkmodell auch in verschiedener Weise anwenden: als Hilfsmittel bei der Psychoanalyse, bei der Therapie von Krankheiten, bei der Erforschung verschiedener Energieströme des Körpers und des Geistes sowie der Energiefelder, die den Organen des menschlichen Körpers zugesprochen werden.

Andrija Puharich, ein Neurologe von bestechender Intelligenz, beschreibt in einem seiner Bücher ein mobiles Bewußtseinszentrum, das – wie er annimmt – unabhängig vom Körper existiert.

Die andere und bei weitem größere Gruppe behauptet, es gäbe bisher keinerlei stichhaltige Beweise für die Loslösung und Weiterexistenz der Seele, und sämtliche, bisher präsentierten diesbezüglichen Erlebnisse seien mit Hilfe der medizinischen und psychologischen Terminologie erklärbar. Dessenungeachtet haben sich mittlerweile selbst führende medizinische Fachzeitschriften dieser Problematik angenommen, die zur Zeit meines Gespräches mit Niehans tunlichst vermieden wurde. Erst kürzlich erschien im »Journal of Nervous and Mental Diseases« ein Bericht über Erfahrungen an der Schwelle des Todes. Diese Diskussion über die Loslösung des Bewußtseins vom Körper ist Ausdruck einer Revolutionierung rigider Denkprozesse. Ich selbst bin der festen Überzeugung, daß wir bei dieser Revolution nichts zu verlieren haben – außer den Mauern unseres eigenen Denkgefängnisses.

Ich stimme mit Johann Wolfgang Goethe überein, der schreibt: »Ich bin mir sicher, daß die Seele weiterlebt und bis in die Ewigkeit fortbestehen wird. Sie ist wie die Sonne, die für unsere Augen am Abend unterzugehen scheint, in Wirklichkeit jedoch ihr Licht nur woanders verströmt.«

Während ich die Sitzungsprotokolle von Charles' früheren Reinkarnationen studierte, gewann ich allmählich den Eindruck, daß er nicht nur das von Moody und anderen erwähnte »Lichtwesen«, sondern etwas anderes beschrieb. Offenbar existierte ein Wesen, welches ein beständiges und sehr persönliches Interesse an Charles' geistiger Entwicklung besaß.

An dieser Stelle soll die letzte Passage der ersten Sitzung mit James Stewart aus Northampton wiedergegeben werden, in der er über den Tod spricht:

F: Erinnern Sie sich an Ihr Begräbnis?
A: Als die Zeit meines Todes gekommen war, war ich von einer ungeheuren Angst erfüllt.
F: Weshalb?
A: Ich war kein gläubiger Mensch, Sir.
F: Haben Sie an ein Leben nach dem Tod geglaubt?
A: Ganz bestimmt nicht.
F: Haben Sie die Erfahrung gemacht, daß Ihre Seele nach Ihrem Tod weiterlebt? Können Sie mir etwas über Ihre Existenz als Seele erzählen?
A: Nachdem ich meinen Körper verlassen hatte, war das erste, was mir auffiel, daß mein Tod niemandem das Geringste auszumachen schien. Ich hatte ungeheure Angst und sträubte mich, zu dem Licht zu gehen, das mich rief. Ich ging in die entgegengesetzte Richtung, denn ich wollte den Bereich meines alten Lebens nicht verlassen. Sehr bald bemerkte ich, daß ich mich tatsächlich außerhalb meines Körpers befand und keinen Kontakt mehr mit den Lebenden aufnehmen konnte... Eine furchtbare Erfahrung... Ich lief durch die Stadt, verkroch mich in meinem Haus und unternahm auch größere Ausflüge. Die Vermögensverwalter lebten nun in

meinem Haus...; keine Möglichkeit, Kontakt aufzunehmen..., obwohl ich sie genau beobachten kann.

F: Wie lange existierten Sie als Seele?

A: Es ist ziemlich schwierig, das in Tagen auszudrücken... Dieser Zustand war ermüdend und auch langweilig für mich; vor allem weil ich keinen Kontakt mit den Lebenden aufnehmen konnte. Offenbar hat es mit dem Tod eine ganz andere Bewandtnis, als ich geglaubt hatte. Ich kam zu dem Entschluß, mich diesem Wesen anzuvertrauen, das sich als ein Freund bezeichnete, und wir hatten eine lange Unterhaltung und diskutierten über das Leben nach dem Tod. Es versicherte mir, daß ich nichts zu befürchten hätte und daß ich mich lediglich in einem Übergangsstadium befände...

In diesem Zusammenhang hatte Charles zum ersten Mal diesen Freund im Jenseits erwähnt. Auch während zweier späterer Regressionen in seine Existenz in Northampton erwähnte er diesen Freund. Als Charles sein Leben als deutscher Bauer noch einmal durchlebte, fragte ich ihn, ob er jemanden erkennen konnte, der ihn im Jenseits erwartete. »Ja«, antwortete er.

F: Wer erwartet Sie?

A: Ein helles Licht erwartet mich, und man sagt mir, ich brauchte keine Angst zu haben, denn es wird für mich gesorgt werden.

F: Wer sagt Ihnen das?

A: Ein Freund.

F: Wie heißt er?

A: Ich weiß es nicht.

Sowohl James Stewart als auch der deutsche Bergbauer sprachen von einem »Licht«, das sie rief. Doch der geheimnisvolle Freund schien unabhängig von diesem Licht zu existieren. Im folgenden zitiere ich weitere Passagen aus den verschiedenen Regressionsprotokollen:

Existenz als mexikanisches Mädchen:

F: Was geschah nach Ihrem Tod mit Ihrer Seele?
A: Ich begegnete meinem wunderbaren Freund. Seinen Namen kenne ich nicht, und er ist ohne Alter. Nicht in allen meinen Leben ist er gegenwärtig – aber in den meisten. Er half mir bei meiner geistigen Entwicklung.
F: Was hat Sie dieser Freund gelehrt?
A: Unmittelbar nach dem Tod, während des Übergangsstadiums, sprach er über meine Erfahrungen in jenem Leben, über die Lehren, die daraus zu ziehen sind – auch über das Karma, das entstanden war, die Fehler, die gemacht wurden.

Inkarnation im China des 15. Jahrhunderts:

F: Was geschah nach dem Tod mit Ihrer Seele?
A: Mein Körper wurde verbrannt.
F: Haben Sie das beobachtet?
A: Ich hatte nicht die Absicht zu bleiben ... (an dieser Stelle bleiben einige Worte der Tonbandaufzeichnung völlig unverständlich) ... zu meinem Freund und Lehrer.
F: Ist er so etwas wie ein Führer, der Sie durch alle Ihre Leben begleitet?
A: Durch frühere Leben hat er mich begleitet.
F: Als Freund und Lehrer?
A: Als Lehrer.
F: Aber nicht in Gestalt einer physischen Existenz?
A: Nein.
F: In Gestalt einer geistigen Existenz?
A: Ja.

In einem anderen Gespräch mit Charles' chinesischer Reinkarnation:

A: Nach meinem Tod begegnete ich meinem Freund und Lehrer.
F: Kennen Sie seinen Namen? Den Namen dieses Freundes?
A: Wir gebrauchen keine Namen.
F: Wie sah er aus?
A: Er ist sehr weise, doch nicht alt.
F: Sie sprechen von der geistigen Existenz eines Freundes?
A: Ja.
F: Er existierte ebenfalls im Jenseits?
A: Ja.

Inzwischen hatte das Bild dieses Freundes und Helfers in den Regressionen derart an Konsistenz gewonnen, daß ich begann, mit meinen Fragen explizit nach dieser Person zu forschen. Ich hatte den Eindruck, daß es sich dabei um einen wichtigen Aspekt von Charles' Unterbewußtsein handelte, und ich hatte die Absicht, mit diesem Lehrer selbst Kontakt aufzunehmen. Diese Vorstellung eröffnete mir neue und ungeahnte Perspektiven: Welch wundervoller Trost könnte den Menschen aus der Gewißheit erwachsen, daß tief in ihrem Inneren ein Freund und Ratgeber existiert? Was könnte geschehen, wenn wir alle in der Lage wären, größeres geistiges Wissen durch die enge Verbundenheit mit einem höher entwickelten Bewußtsein zu erlangen? Was wäre, wenn die in manchen Religionen verbreitete Vorstellung eines persönlichen Schutzengels in einer psychoanalytischen Sitzung bewiesen werden könnte? Könnte das, was wir Gewissen nennen, die Stimme dieses weiseren und klügeren Selbst in uns allen sein?

Am 3. Januar 1978 war meiner Suche nach diesem geheimnisvollen Ratgeber von Charles der erste kleine Erfolg beschert. Ich sprach mit Colin O'Brian und hatte ihn bis zum Zeitpunkt seines Todes geführt.

F: Sie befinden sich jetzt auf der anderen Seite, im Jenseits. Sind Sie nach diesem Übergang jemandem begegnet?
A: Ja.
F: Wem?
A: Einem Freund.
F: Hat dieser Freund einen Namen?
A: Nein, er ist ein Freund.
F: Spricht er mit Ihnen?
A: Ja.
F: Können Sie ihn klar erkennen?
A: Ja.
F: Wie sieht er aus?
A: *Asiatisch.*
F: Können Sie ihn nach seinem Namen fragen?
A: Er nennt keine Namen.

Ich war enttäuscht, obwohl ich dieser geheimnisvollen Person immerhin so nahegekommen war, daß ich wußte, wie sie aussah. Ich war entschlossen, Charles' Freund und Ratgeber aus seinem geheimnisvollen Dunkel zu lösen, und ich hatte die Absicht, dies in der nächsten Sitzung zu tun, der ich bereits ungeduldig entgegenfieberte.

Würde ich mich in einer ähnlichen Situation wiederfinden wie seinerzeit C. G. Jung, als er seinen indischen Freund nach dem Namen seines Guru fragte, und dieser indische Freund prompt erwiderte: »O ja, es ist Chankaracharya.«

»Den Deuter der Veden? Der bereits seit Jahrhunderten tot ist?« fragte Jung.

»Genau der«, nickte sein Freund.

Jung verstand sehr gut. Schließlich hatte er ein ganzes Buch geschrieben, das ihm von A bis Z von seinem eigenen geistigen Lehrer diktiert worden war, den er liebevoll Philemon nannte.

Das Buch kam erst im Jahre 1925 zur Veröffentlichung. Es trug den Titel »Septem Sermones ad Mortuos« (Die sieben Predigten an die Toten). Bis zu seinem Tod blieb Jungs Autorenschaft anonym. Der Inhalt des Buches löste heftige Kritik aus, und Jungs Anhänger befürchteten, es könne seinem Ansehen schaden. Das Buch wurde »Basilides, dem Gnostiker aus Alexandria« zugeschrieben. – Alexandria – die Stadt, in der sich der Osten und der Westen berühren. Erst nach Jungs Tod wurde bekannt, daß er der Verfasser des Buches war. Jung hatte Philemon in seinen Memoiren erwähnt. Er hatte Philemon auch gezeichnet. Die Zeichnung findet sich in seinem »Roten Buch« und in »Erinnerungen, Gedanken und Träume«. Philemons Existenz schien für Jung durchaus real. Er genoß die Gespräche mit ihm und empfand eine unergründliche Tiefe an Verstehen, während sie gemeinsam im Garten spazierengingen (vgl. Jungs Autobiographie). Jung berichtete: »Philemon war eine Kraft, die über mir stand – ein Wesen, das nicht ich selbst war. Ich war mir darüber völlig im klaren, daß er es war, der sprach – nicht ich.«

5.
Yan Su Lu gibt sich zu erkennen

Während ich mich auf die nächste Sitzung mit Charles vorbereitete, dachte ich darüber nach, wie seltsam sich unsere Beziehung doch entwickelt hatte. Mittlerweile war ich es, der ungeduldig auf ihn wartete und eine Menge Fragen hatte, die beantwortet werden wollten. Wenn diese eigenständige Person, dieses Geistwesen, das als Charles' Lehrer und Ratgeber in Aktion trat, tatsächlich existierte, war dann diese Freundschaft während eines Lebens oder über mehrere Reinkarnationen hinweg entstanden? Welche Beziehungen hatten sie zueinander gehabt? Oder hatten sie sich in ihrer materiellen Existenz gar nicht gekannt? Konnte dieser Freund und Ratgeber auf ihn auch in diesem, im gegenwärtigen Leben Einfluß nehmen?

Charles hatte sich verspätet. Er würde wahrscheinlich müde sein. Vielleicht sollte ich die Sitzung verschieben? Obwohl sich sein früheres aggressives Verhalten bereits gebessert hatte, war er noch immer ein überempfindlicher und schwieriger Patient, der leicht zu verletzen war. Ich hatte recht: Er war müde, als er kam. Er ließ sich in den Sessel sinken und schloß die Augen. Er hatte fein geschnittene Gesichtszüge, dunkle Augen, einen sensiblen Mund und schwarzes Kraushaar. Seine wohlklingende, oft in einen leichten Singsang fallende Stimme hatte er wohl seiner lateinamerikanischen Herkunft zu verdanken. Ich kam auf Musik zu sprechen, und er fühlte sich allmählich besser. Wir konnten mit der Sitzung beginnen und die Hypnose einleiten.

»Hören Sie, Freund und Ratgeber von Charles? Wer sind Sie?« begann ich. »Sind Sie bereit, zu uns zu kommen? Vielleicht würde es Charles helfen, wenn Sie mir über Ihre Freundschaft zu ihm erzählten?«

Charles war inzwischen in hypnotische Trance gefallen. Entspannt lag er im Sessel. Plötzlich fuhr er mit einem Ruck auf und saß völlig gerade, mit hocherhobenem Kopf. Er schien hagerer und auch älter. Er faltete die Hände in seinem Schoß. Sein Gesichtsausdruck hatte plötzlich etwas Fremdes, beinahe Orientalisches, und die Muskeln in seinem Gesicht zuckten heftig. Offenbar stand er unter einer ungeheuren Anspannung. Seine Lippen bemühten sich Worte zu formen, doch es wollte ihnen nicht gelingen. Eine Stimme brach hervor – zunächst kaum hörbar, doch dann klarer. Es war die Stimme eines Erwachsenen; eine Stimme mit fremdartigem Klang – etwas rauh und doch sanft.

»Ich bin Yan Su Lu.« Ich traute meinen Ohren nicht und fragte erneut: »Wer sind Sie?« Die Antwort: »Ich heiße Yan Su Lu. Ich bin derjenige, den Charles seinen Freund und Lehrer nennt. Wir sind viele; ich bin nicht allein. Ich stehe Charles seit langem zur Seite und helfe ihm bei seinen Übergängen aus dem irdischen Leben zurechtzukommen und sich einzugewöhnen.« Die Stimme hatte einen chinesischen Akzent, und ein Lächeln, eine nahezu alles umfassende Zufriedenheit, schien in ihr mitzuschwingen.

Im Verlauf des Gesprächs mit Yan Su Lu erfuhr ich, daß er die Absicht hatte, der westlichen Welt die östliche Philosophie nahezubringen. Natürlich hatte ich etwas Derartiges nicht erwartet. Ich hatte sogar vergessen, diese erste Sitzung auf Band aufzunehmen. Ich beendete die Hypnose und fragte Charles, ob er wisse, was in dieser Sitzung geschehen war. Er schüttelte den Kopf. Ich fragte, ob er bereit sei, die Sitzungen fortzusetzen. Zunächst schien er nicht gerade begeistert, doch als ich ihm sagte, daß ich an dem Phänomen des Yan Su Lu persönlich sehr interessiert sei und unter allen Umständen wissen wollte, was dahintersteckte, stimmte er schließlich zu.

So nahm also meine Bekanntschaft mit Yan Su Lu ihren Anfang, und unsere Reise in die neu entdeckten Bereiche von Charles' Bewußtsein begann. Im folgenden werde ich die Niederschrift der Tonbandaufzeichnungen von unseren ersten Gesprächen wiedergeben, in deren Verlauf sich Yan Su Lu zu erkennen gibt und sein Verhältnis zu Charles schildert. Die Aufnahme entstand am 28. Februar 1978.

Erste Sitzung
(Charles in Hypnose)

F: Ich möchte Kontakt mit Ihrem Mentor und Lehrer aufnehmen.
A: Yan Su Lu.
F: Ihr Name ist Yan Su Lu?
A: Ja.
F: Aus welchem Land stammen Sie?
A: Ich habe die Persönlichkeit meiner letzten Inkarnation übernommen. Damals war ich Chinese.
F: Wann haben Sie gelebt?
A: Mein letztes Erdendasein fand im Jahre 1232 statt.
F: Wo lebten Sie damals?
A: In China.
F: Können Sie uns etwas über dieses Leben erzählen?
A: Ich lebte in dieser Inkarnation nur eine kurze Zeitspanne, denn ich hatte nur noch eine Lektion zu bewältigen, und nach 14 Jahren eurer Zeitrechnung war mein irdisches Dasein vollendet. Das bedeutet nicht, daß ich nicht mehr zurückzukehren bräuchte, denn es gibt noch viel zu tun; allerdings ist es keine Form der Existenz mehr, wie ihr sie kennt.
F: Sie sind jetzt so etwas wie ein geistiger Lehrer im Jenseits, um uns im Diesseits zu helfen?
A: Im Augenblick ja... Es ist unsere Absicht, die Führung und Unterweisung von Charles zu fördern.
F: In welcher Beziehung stehen Sie zu Charles?
A: Im Augenblick genügt es, wenn Sie mich seinen Freund und Lehrer nennen.
F: In welcher Weise ist er fähig, von Ihnen zu lernen?
A: Es ist nicht ganz einfach mit seiner augenblicklichen Persönlichkeit, denn ihm stehen viele, sehr viele Entwicklungsmöglichkeiten offen. Wenn er sich mehr Zeit auf meditativem Gebiet zugestehen würde, wären wir eher in der Lage, seine Energien zu nutzen und seine geistige Erkenntnisfähigkeit zu verbessern. Wir können jedoch nicht ständig bei ihm sein,

und das Beste, das uns zu tun bleibt ist, für ihn da zu sein, wenn er durch sporadische Meditation mit uns Kontakt sucht. Wir benutzen auch die Bahnen seines Unterbewußtseins und schicken ihm in den Perioden des Schlafs unsere Gedanken. Dies ist für uns eine äußerst wichtige Methode, mit unseren Gedanken und Vorstellungen den Weg in sein Bewußtsein zu finden.

F: Während des Schlafs? Nehmen Sie mit Charles im Traum Verbindung auf?

A: Nicht so sehr im Traum, als vielmehr im Schlafstadium.

F: Was verstehen Sie unter Schlafstadium?

A: Das ist ein Zustand, in welchem die Energie sehr stark, aber nicht völlig reduziert ist. Der Körper und der Geist strahlen nur sehr wenig Energie aus.
In diesem Zustand ist das Unterbewußtsein äußerst aufnahmefähig und für Inspirationen aus dem Jenseits sensibilisiert.

F: Mit anderen Worten: Sie sagen also, im Schlafstadium ist die Wahrnehmungsfähigkeit der fünf Sinne eingeschränkt und dem Unterbewußtsein steht somit mehr Energie zur Verfügung, um die Verbindung mit Ihnen aufzunehmen?

A: Richtig.

F: Können Sie mir den Unterschied zwischen der Ebene des Unterbewußten und der Ebene des Überbewußten erklären?

A: Diese Definitionen sind hier nicht anwendbar, doch wenn ich Ihre Gedanken richtig interpretiere, zielen Sie auf die Frage ab: Wo ist das spirituelle Bewußtsein lokalisiert? – Ist das richtig?

F: Ja, denn ich glaube, das spirituelle Bewußtsein ist das gleiche wie das Überbewußte oder das göttliche Bewußtsein.

A: Die Menschen haben viele Namen dafür, doch für unsere Zwecke würde ich die Terminologie spirituelles Bewußtsein oder Gott-Bewußtsein vorschlagen. Es ist nicht im Bereich des Gehirns lokalisiert, sondern in den geistigen und psychischen Zentren der Körper.

F: Können Sie uns sagen, welche Art von Körper Sie jetzt haben?

A: Das wäre extrem schwierig zu erklären, denn Sie haben die Energieform, die ich im Augenblick besitze, noch nie gesehen.

F: Können Sie sie beschreiben?

A: Lassen Sie mich es so ausdrücken: Wenn Sie oder Charles sich das Potential, das in Ihnen ist, nutzbar machen würden, könnten Sie mit Hilfe des psychischen Auges einen strahlenden Energiekörper wahrnehmen, der in seiner äußeren Form gar nicht so sehr anders ist als Ihr physischer Körper, den Sie sich allerdings eher wie ein sich ständig in Bewegung befindendes Gebilde vorstellen müssen... Wie kann ich Ihnen das erklären...

F: Ist es eine Kugel?

A: Nein. Er ist zwar rund, aber keine Kugel.

F: Und er verändert seine Form andauernd?

A: Er ist ständig in Bewegung... Während ich mich zum Beispiel auf die augenblickliche Ebene herabgebracht habe, um eine Kommunikation durch Charles zu ermöglichen, war eine permanente Veränderung meines Energiekörpers nötig. Würde nicht ich auf diese Weise mit Ihnen in Verbindung treten, sondern Sie würden anstatt dessen beginnen, mich mit Hilfe Ihrer psychischen Sinne wahrzunehmen, dann würden Sie einen kleineren Körper sehen, als es Ihr eigener physischer Körper ist, einen Körper, der transparent ist – doch andererseits auch wiederum nicht...

F: Hat dieser Körper auch ein Gewicht?

A: Er ist ohne Gewicht.

F: Yan Su Lu, wir würden gerne wissen, warum Sie ausgerechnet diesen Zeitpunkt gewählt haben, mit Charles in Verbindung zu treten. Ist es möglich, daß Charles' Regressionen in seine früheren Leben Ihre Kontaktaufnahme mit ihm erleichterten, oder sind es unsere eigenen Energien, die Ihre Kommunikation ermöglichen?

A: Es gibt keine Zufälle. Daß Sie, Dorothy und Charles sich kennengelernt haben, ist schon seit langem geplant. Es war eine vorgegebene Struktur, ein Plan, der sich erfüllen mußte.

Das Streben, ihn zu erfüllen – in Charles, in Dorothy und in Ihnen selbst – war so stark, daß jeder einzelne von Ihnen die Notwendigkeit dieser Kontaktaufnahme begriffen hat.

F: Danke, Yan Su Lu. Ich möchte Sie gerne fragen...

A: Darf ich Sie unterbrechen? Entschuldigen Sie. Ich hoffe, Sie verstehen. Ich spreche nicht davon, daß dies alles durch äußere Einflußnahme angeordnet wurde. Dem ist nicht so. Jeder einzelne von Ihnen hat bisher ganz allein über sein Leben verfügt.

F: Welche Beziehungen hatten Sie mit Charles in seinen früheren Leben?

A: Ich war einer von vielen Lehrern, die in früheren Inkarnationen um ihn waren.

F: Waren Sie jemals in physischer Gestalt, also im Diesseits Charles' Lehrer, oder waren Sie schon immer der Lehrer seiner Seele?

A: Ein Lehrer der Seele.

F: Auf der anderen Ebene – im Jenseits?

A: Ja.

F: Wenn er in seine Existenz als Seele – zwischen seinen verschiedenen physischen Inkarnationen – eintrat?

A: Das ist richtig.

F: Waren Sie immer bei ihm, wenn er starb?

A: Bei seinem Übergang vom Physischen zum Geistigen waren ich und auch andere stets bei ihm.

F: Sie erwähnen »andere«. Können Sie mir mehr darüber erzählen? Sind es ebenfalls Lehrer – oder sind es Verwandte?

A: Ich spreche von Lehrern. Sie müssen wissen, daß jeder einzelne von Ihnen mehr als nur einen Lehrer hat.

F: Mehr als einen?

A: Ja. Die Anzahl der Lehrer entspricht dem Bedürfnis nach geistiger Hilfe.

F: Können Sie mir sagen, auf welchem Gebiet Charles' beste Fähigkeiten in seinem gegenwärtigen Leben liegen, und welchen Beruf er ausüben sollte?

A: Wir sind allein an seiner geistigen Entwicklung interessiert.

Was er in seiner jetzigen körperlichen Existenz zu tun gedenkt, liegt ganz bei ihm.

F: Vielen Dank. Haben Sie Charles auch schon in früheren Leben geholfen?

A: Wir waren auch früher bei ihm, doch noch nie so nahe wie in diesem Leben. Es ist das erste Mal, daß Charles eine Bewußtseinsebene erreicht hat, auf der er Botschaften wie diese empfangen kann. Bisher waren wir im Geiste bei ihm und haben mit ihm auch telepathischen Kontakt aufgenommen, doch noch nie auf diese Art und Weise.

F: Danke. Kennen Sie Charles' weitere Zukunft?

A: Es ist nicht nötig, jetzt von seinem Schicksal zu sprechen, doch es ist bekannt.

F: Sind Sie eine unabhängige und eigenständige Person, die sich durch Charles vermittelt, indem sie seine Stimmbänder gebrauchen?

A: Ja. So ist es.

F: Yan Su Lu, Sie sind offenbar ein geistiger Lehrer. Haben Sie sich in irgendeiner Ihrer eigenen Inkarnationen bereits mit dieser Aufgabe beschäftigt?

A: Viele, sehr viele Lebensspannen habe ich mich damit befaßt. Das letzte Mal während meiner letzten Inkarnation in China.

F: In welcher Eigenschaft?

A: Ich war in der Lage, meine spirituellen Fähigkeiten in solchem Umfang zu gebrauchen, daß ich auch in meiner physischen Existenz Phänomene – so würden Sie es wohl nennen – wie Telepathie, Heilen und Hellsehen beherrschte.
Und da ich der Sohn des Priesters unserer Stadt war, war es mir ein Leichtes, mich ganz meiner Aufgabe zu widmen.

F: Leben Sie jetzt in einem sogenannten Astralkörper?

A: In Ihrer Sprache gibt es viele Bezeichnungen dafür, doch gänzlich begreifen kann man ihn erst, wenn man ihn gesehen hat. Da sich im Sprachgebrauch »Astralleib« durchgesetzt hat, können wir bei dieser Bezeichnung bleiben.

F: Erinnern Sie sich an alle Ihre Leben im Diesseits und an alle Ihre Existenzen als Seele?

A: Wenn man einmal einen Punkt der Evolution erreicht hat, an dem keine Inkarnationen mehr nötig sind, besitzt man auch das ganze Wissen. Das heißt, man erinnert sich an alle Existenzen, die man durchlebt hat. Das mag Ihnen als eine überwältigende oder gar erdrückende Erfahrung erscheinen, doch glauben Sie mir, das ist es nicht. Gedanken können ohne zeitliche Begrenzung gespeichert werden. Den Gedanken sind keine Grenzen gesetzt. Durch Denken rufen Sie die Erinnerung ab. Und ganz besonders erinnern Sie sich an die wichtigsten Aspekte Ihrer Inkarnationen. Sie sind in der Lage, den roten Faden Ihres Karmas, der sich durch alle Ihre Existenzen zieht, zu verfolgen. Die progressive Entwicklung der Seele wird in diesem Stadium der Evolution bewußt erfahren, und die Erinnerungen an Ihre sämtlichen Leben werden zu einer relativ einfachen Angelegenheit.

F: Es wäre für Sie also ein Leichtes, uns zum Beispiel von dem Leben im Diesseits zu berichten, das Sie vor der chinesischen Inkarnation lebten?

A: Diese Inkarnation umfaßte nur eine kurze Lebensspanne. Ich vollzog den Übergang im Jahre 1215 Ihrer Zeitrechnung. Ich war damals 12 Jahre alt und besaß den Körper eines Mannes, doch zugleich den einer Frau. Mit anderen Worten: ich hatte den Punkt erreicht, an dem meine gesamte Existenz im Gleichgewicht war. Ich besaß männliche und weibliche Eigenschaften und ich war kein normales menschliches Wesen mehr. Dieses Stadium hatte ich bereits hinter mir gelassen. Es handelte sich nur mehr um eine kurze körperliche Existenz, die mir Gelegenheit gab, das Gleichgewicht zu verstehen, welches ab einem bestimmten Zeitpunkt für uns alle so wichtig ist. Ich lebte auch nicht mehr in der Welt der normalen Menschen, sondern in der Einsamkeit der Berge. Es bestand kein Bedürfnis mehr nach engen Beziehungen, wie sie zwischen Kindern und Eltern üblich sind. Die Seelen, die mich geboren hatten, waren Missionsseelen, deren Hauptaufgabe es war, mir in dieser Inkarnation zur Seite zu stehen. Ich widmete mich also während meines ganzen Lebens ausschließlich meiner geistigen Entwicklung. Als ich ein Jahr alt war, hatte ich bereits die Entwicklungsstufe eines Zehn- oder Zwölfjährigen erreicht. Die evolutionären Phasen meines Lebens gehorchten nicht der Norm, sondern den Erfordernissen meines geistigen Wachstums. Ich hatte mich für ein Leben in Asien entschieden, denn ich hatte zuvor noch nicht sehr oft in einer solchen Inkarnation gelebt. Die Seelen, die ausgewählt waren, mich zu führen, hatten im Bereich der chinesischen Kultur, besonders der Philosophie, auch noch andere Aufgaben zu bewältigen. Aus diesem Grund wurde mir begreiflich gemacht, daß dies die beste aller Möglichkeiten war.

F: Yan Su Lu, Sie sagten, daß Ihre Eltern Missionsseelen waren. Können Sie uns diesen Ausdruck näher erklären?

A: Gern. Es handelt sich um Seelen, die in die irdische Existenz geboren werden, um eine bestimmte Mission zu erfüllen. Sie tun dies aus freiem Entschluß und nicht, weil sie auf dieser Erde noch an ein Karma gebunden wären. In meinem Fall waren sie da, um mich zu gebären und mir, wie ich bereits erwähnte, in diesem Leben Hilfe zu leisten.

F: Wenn Sie sich mit anderen geistigen Lehrern vergleichen würden, auf welcher Stufe der Entwicklung stehen Sie?

A: Dies ist insofern eine schwer zu beantwortende Frage, als das Ego meine Antwort möglicherweise falsch interpretieren könnte. Würde ich mich als einen sehr weit entwickelten geistigen Lehrer bezeichnen, hätte das sicherlich den Beigeschmack eines deformierten Egos. Würde ich mich andrerseits auf einer niedrigeren Stufe der geistigen Evolution definieren, hätte das möglicherweise ein Schwinden des Glaubens und der Zuversicht zur Folge. Sagen wir also, ich bewege mich irgendwo in der Mitte.

F: Wurden Sie oder werden Sie auf anderen Planeten oder Sonnensystemen wiedergeboren?

A: Mein Schicksal wird auch das eure sein. Die Existenz ist nicht allein auf diesen Planeten beschränkt. Hat man einmal den Punkt der Balance und eine Ebene der Reifung erreicht, gilt es, andere Erfahrungen zu machen, andere Aufgaben zu bewältigen – unter Umständen auch in anderen Galaxien. Das Universum ist unendlich. Es gibt eine unendliche Vielzahl von Möglichkeiten des Wachsens und des Erfahrens. Im Universum gibt es keinen Stillstand. Man entwickelt sich nicht, um dann stehenzubleiben. Dies ist nicht möglich. Es lag nicht in der Absicht des Vaters. Wir lernen und entwikkeln uns ständig – ohne Unterlaß.

Es war eine lange und ermüdende Sitzung. Charles wirkte erschöpft. Ehe ich Charles aus der Hypnose erweckte, fragte ich Yan Su Lu, ob er von nun an Charles immer zur Seite stehen würde. Er antwortete, ohne zu zögern:

A: Solange er den Weg der geistigen Erkenntnis nicht verläßt, werden wir ihn mit all unserer Kraft unterstützen. Doch muß sein Verlangen groß und stetig sein...
F: Ist es so, daß Meditation sein Verlangen steigert?
A: Ja, sehr.

Yan Su Lu verabschiedete sich und wünschte mir einen guten Abend. Charles zeigte keinerlei Interesse, sich die Sitzung anzuhören, die wir auf Band mitgeschnitten hatten. Dies war mir recht, denn ich hatte den Entschluß gefaßt, ihn lieber nicht mit verwirrenden Details zu belasten, solange ich nicht selbst mehr über das Phänomen Yan Su Lu herausgefunden hatte. Zu diesem Zeitpunkt schien es mir ausreichend, wenn er erfuhr, daß wir offenbar auf eine seiner Subpersönlichkeiten gestoßen waren, die die Aufgabe hatte, sein Freund und Lehrer zu sein.

6.
Weitere Gespräche mit Yan Su Lu

Yan Su Lu schien mit absoluter Gewißheit an ein Leben nach dem Tod zu glauben, und wenn er tatsächlich – wie er behauptete – aus dem Jenseits sprach, mußte er es ja schließlich wissen. Seine Ausführungen über transzendentale Dimensionen hatten in mir eine Vielzahl von Fragen aufgeworfen; vor allem interessierte mich, aus welcher Quelle seine Lehren letztlich stammten. Ich rief mir ins Gedächtnis, was Plato dazu gesagt hatte: »Nicht alle Seelen erinnern sich mit Klarheit an die Dinge der jenseitigen Welt; sie werden nur undeutlich, wie durch einen Schleier wahrgenommen. Und es gibt nur wenige, die sich den Bildern hingeben und in ihnen die wirklichen Dinge erkennen.«

Existiert ein gemeinsames Reservoir des unbewußten Wissens der Menschheit, aus dem Charles oder jeder andere Wissen und Informationen über andere Ebenen des Seins und des Bewußtseins beziehen kann? Hatte ich bereits mit diesem höher entwickelten Bereich in Charles' Geist, der Zugang zu universellen Wahrheiten hatte, Kontakt aufgenommen, oder konnte es sein, daß ich in seinem Gedächtnis lediglich bruchstückhafte Erinnerungen an den Philosophieunterricht im College abrief?

Versuchte Charles – wie oft über Patienten in Hypnose behauptet wird – mir lediglich das zu sagen, was ich von ihm hören wollte, wobei er sich auf seiner Suche nach Antworten wahllos der Bildergalerie des menschlichen Vorstellungsvermögens bediente? Oder war Yan Su Lu – wie er behauptet – eine autonome Persönlichkeit?

Falls dies tatsächlich so war, hatten mich dann seine Gedanken unverfälscht und lückenlos erreicht, oder wirkte Charles' Bewußtsein als eine Art Filter, der die Botschaft nur bruchstückhaft passieren ließ und – bedingt durch die Natur seines eigenen

Selbst – wichtige Teile der Information einfach ausblendete? Es schien, als sei dieser Freund und Ratgeber ein durchaus wohlwollender Charakter.

Ich glaube jedoch nicht, daß es ratsam ist, irgendeine Person – sei sie mit den fünf Sinnen erkennbar oder nicht – oder die guten Eigenschaften dieser Person als unfehlbar zu betrachten. Doch was Yan Su Lu sagte, hatte durchaus einen Sinn. Ich kam zu der Überzeugung, daß Yan Su Lu – wer immer er auch sein mochte – in irgendeiner Weise mit dem Strom universalen Wissens in Verbindung stand, und ich hoffte, daß dieses Wissen für Charles von Nutzen sein würde. Schließlich war dies ja auch der eigentliche Zweck der Besprechung zwischen Charles und seinem Lehrer.

Zweite Sitzung

Sinngemäß war unsere zweite Sitzung die Fortsetzung der ersten. Mein chinesischer Freund ging erneut auf seine Entwicklung zum geistigen Lehrer und auf seine Beziehung zu Charles ein. Unverändert beharrte er darauf, eine völlig autonome und von Charles unabhängige Persönlichkeit zu sein, die ihre eigenen Inkarnationen auf diesem Planeten durchlebt hatte. Bereitwillig erbot er sich, in allen Einzelheiten die Art und Weise zu schildern, in der er Charles' Geist und Charles' Nervensystem benutzte, um mit mir in Verbindung zu treten.

Sitzung mit Charles Roberts am 17. 5. 78
(Charles in Hypnose)

A: Guten Abend.
F: Guten Abend.
A: Es ist uns ein außerordentliches Vergnügen, heute abend hier zu sein und Ihnen, soweit es in unserer Macht steht, behilflich zu sein. Da wir über Charles sprechen, wäre es vielleicht angebracht zu erklären, wie der Kontaktkanal herge-

stellt wird. Wie Sie sehr wohl wissen, ist nicht jeder ein geeignetes Medium. Voraussetzung ist eine bestimmte, bereits in einer der früheren Existenzen erreichte Entwicklungsstufe der geistigen und spirituellen Fähigkeiten. Zwar besitzen potentiell alle Menschen diese Begabung, doch sie ist im gegenwärtigen Leben oft nicht zugänglich.

Da Charles bereits in früheren Inkarnationen im transzendentalen Bereich Erfahrungen sammeln konnte, ist er auch heute in der Lage, auf diese Fähigkeiten zurückzugreifen – ebenso wie wir.

Der Eintrittspunkt zum Kanal befindet sich am Nacken. Ist dort einmal der Kontakt hergestellt, sind wir in der Lage, uns des Nervensystems der Kontaktperson zu bedienen und die Kontrolle über seine Stimmbänder, seine Mimik, seine Arme und Beine usw. auszuüben. Allerdings ist dies nur mit der Erlaubnis des Mediums möglich, denn Sie alle besitzen einen freien Willen. Kein Geistwesen kann in einen Menschen eindringen, wenn ihm der Zutritt nicht bereitwillig und aus freien Stücken gewährt wird. In Fällen von Besessenheit durch negative Geistwesen hat der Betroffene entweder physisch oder psychisch seinen freien Willen aufgegeben und somit selbst den Verlust seiner Freiheit verschuldet. Wünscht eine Person jedoch – wie es bei Charles der Fall ist – seine Fähigkeiten in positiver Weise zu nutzen, so kann auch dies nicht ohne Erlaubnis geschehen. – Können wir jetzt fortfahren?

F: Ja. Wann und wo hat Ihre Beziehung zu Charles begonnen? War es hier auf Erden, in einem anderen Sonnensystem, oder geschah es, während Sie beide als Seelen existierten?

A: Die Beziehung zwischen Charles und mir hat ebenso wie jede andere Lehrer-Schüler-Beziehung angefangen. Was zwischen ihm und mir geschehen ist, ist auch zwischen Ihnen und Ihren Lehrern geschehen. Einen genauen Zeitpunkt dafür anzugeben, ist jedoch unmöglich, denn eine solche Beziehung läßt sich nicht in den Zeitspannen einer diesseitigen, materiellen Existenz messen.

Die Beziehung zwischen Charles und mir existiert, um in Ihrer Terminologie zu bleiben, seit »Jahrhunderten« und – wenn Sie es unbedingt so bezeichnen wollen – hatte sie auch einen Anfang: Allerdings geschah dies auf einer Ebene, die Ihnen unbekannt ist. Mit anderen Worten: Unser Kontakt begann nicht auf diesem Planeten und auch nicht in einem energetischen Schwingungsbereich, der Ihnen vertraut ist. Er begann in einer Phase, in der Charles andere Formen des Lebens und andere Ebenen der Existenz kennenlernte. Nicht in allen seinen bisherigen Inkarnationen standen wir miteinander in Verbindung, denn jede Lebensspanne besitzt ihre ganz bestimmten und spezifischen Herausforderungen und Erfahrungen, die zu meistern sind. Es war deshalb nicht nötig, daß ich während aller Inkarnationen bei ihm war. Das ist ein universelles Gesetz, nach welchem sich die Beziehungen zwischen allen Seelen und ihren Lehrern gestalten.

F: Heißt das, die Verbindung zwischen Ihnen und Charles nahm in einer Zeit ihren Anfang, in der er als Seele existierte?

A: Die Beziehung begann, noch ehe er eine materielle Inkarnation auf diesem Planeten erlebte.

F: Geschah dies in einem anderen Sonnensystem oder auf einer anderen Energieebene? Existierten Sie damals beide als Geist- oder Energiewesen?

A: Ich hatte meine Entwicklung in genau demselben Existenzbereich beendet, in welchem Charles seine eigene begann. Deshalb war es mein freier Entschluß, ihm in diesem Existenzbereich zur Seite zu stehen. Für ihn war dies von Beginn an – und ist es noch immer – ein Lernprozeß. Noch ist für ihn dieser Prozeß nicht beendet; genausowenig wie Sie alle noch nicht sämtliche, notwendigen Erfahrungen gemacht haben, um durch die Entwicklung Ihrer Fähigkeiten auf dem geistigen und spirituellen Weg in jene anderen Existenzbereiche hineinzuwachsen.

F: Wer waren Sie zu diesem Zeitpunkt? Waren Sie damals bereits ein Führer im Jenseits, oder waren Sie beide Lebewesen dieses anderen Sonnensystems?

A: Wenn Sie das Wort »Führer« benutzen wollen, hat dies seine Berechtigung, denn ich führte ihn damals tatsächlich auf seinem Weg. Ich half ihm und machte es ihm leichter, mit der Natur seiner neuen Existenz, seiner neuen Erscheinungsform zurechtzukommen.

F: Wer war Charles zu diesem Zeitpunkt? Besaß er einen materiellen Körper?

A: Seine energetische Erscheinungsform lag nicht im Bereich des Materiellen. Er lebte in einer Mischform aus seelischer und geistiger Existenz. Dies ist nur eine der zahllosen Formen der Energie, die wir alle zu durchleben haben.

F: Hat zwischen Ihnen und Charles je eine karmische Verbindung existiert?

A: Nein. Zu keiner Zeit haben wir auf diesem Planeten gemeinsam gelebt. Als Charles sein Dasein auf diesem Planeten begann, hatte er andere Brüder und Lehrer, die ihm bei diesen neuen Erfahrungen zur Seite standen. Innerhalb meiner eigenen Zeit und innerhalb meines eigenen Evolutionsplans war auch ich in der Lage, ihn mit Hilfe meiner Fähigkeiten in einer Weise zu führen, daß er die Erfahrungen, die er zu erlernen hatte, unverzüglich und ohne Unterbrechung akzeptierte. Das ist leichter gesagt als getan. Wie Sie wissen, besitzen wir alle einen freien Willen und viele Male straucheln wir auf dem Pfad unserer geistigen Entwicklung und verhindern die Entfaltung der Lehren. Trotzdem unternehmen wir von unserer Seite natürlich alles, was im Bereich unserer Möglichkeiten liegt, diese – nennen wir sie Umwege der Menschen – zu vermeiden.

F: Yan Su Lu, worauf führen Sie die Affinität zwischen Ihrer und Charles' Seele zurück? Hat er Sie als Lehrer gewählt, oder haben Sie ihn als Ihren Schüler ausgesucht?

A: Es geschah auf gegenseitigen Wunsch, denn beide besitzen wir unsere Entscheidungsfreiheit. Dies mit einfachen Worten zu beschreiben, ist äußerst schwierig, doch als wir uns begegneten, war uns beiden klar, daß er, Charles, Unterstützung von jemandem benötigte, der bereits einen gewissen

Entwicklungsstand erreicht und die Erfahrungen, die Charles noch bevorstanden, schon hinter sich hatte. Andererseits beinhaltete für mich die Ebene meiner eigenen geistigen Entwicklung die Möglichkeit, bei der Verwirklichung des göttlichen Plans behilflich zu sein. Es existiert eine ständige Hilfsbereitschaft zwischen den einzelnen Seelen bzw. den verschiedenen Energieebenen. Die Entscheidung allerdings haben wir beide getroffen. Doch Sie dürfen dabei nicht außer acht lassen, daß auf der Ebene, von der wir sprechen, die Liebe, die die Seelen miteinander verbindet, gleichzeitig die Einsicht für alle notwendigen Konsequenzen beinhaltet. Es ist nicht allein und ausschließlich die Angelegenheit zweier einzelner Seelen, ob sie eine Beziehung zueinander aufnehmen wollen, denn sie verstehen sich selbst auch stets in einem übergreifenden Zusammenhang.

F: Handelt es sich dabei um eine Art magnetisches Denken?

A: Ja, so ist es.

F: Läßt sich eigentlich genau definieren, was ein Lehrer für seinen Schüler tun kann, wenn er doch offenbar nicht in der Lage ist, mit ihm zu sprechen? Auf welche Art und Weise haben Sie Charles geholfen, als Sie noch keine direkte Kommunikation mit ihm aufnehmen konnten?

A: Wenn keine direkte Kommunikation möglich ist, wird die Verbindung auf telepathischem Wege und während der Schlafperioden aufgenommen. Das sind Augenblicke, in welchen wir all unsere Energie mobilisieren, um der Seele gegen die sie bedrängenden Probleme beizustehen.

F: Das beinhaltet...

A: Das beinhaltet z. B. eine auf telepathischem Wege vermittelte Botschaft mit Hinweisen auf ein wichtiges Buch, auf das man dann anscheinend zufällig stößt. Sie würden es wahrscheinlich Zufall nennen, doch wir wissen, daß es unser Einfluß war, der Sie zu diesem Buch geführt hat.

F: Hat ein Lehrer die Möglichkeit, seine eigene Entwicklung zu verzögern, um ausschließlich bei einem Schüler zu bleiben?

A: Es gibt Situationen, in welchen sich eine Seele aufgrund besonderer Schwierigkeiten nur einer bestimmten Inkarnation widmet. Dies ist der Entscheidung des Lehrers vorbehalten, und es geschieht mit einem großen Maß an Zuneigung. Dem Lehrer ist dies voll bewußt, denn er hat seine Mission freiwillig übernommen und stellt in solchen Momenten seine eigene Entwicklung und Erfahrungsmöglichkeiten zurück. Doch da in solchen Fällen ein hohes Maß an Liebe vorhanden ist, ist dies keine negative Erfahrung. Ja – es gibt Lehrer, die bei einem Schüler bleiben, und ich sollte hinzufügen, daß dies sehr oft geschieht. Es ist überhaupt nichts Außergewöhnliches.

F: Könnte ein Lehrer auch die Krankheit eines anderen auf sich nehmen, wie es angeblich manche Yogis tun?

A: Ein Lehrer würde das nie tun. Er wird zwar die Beziehung zu der Seele nicht abreißen lassen, doch er wird keinesfalls deren Probleme übernehmen.

So klar Yan Su Lus Antworten in der Regel waren, in dieser und auch in anderen Sitzungen fiel mir auf, daß er – wenn er von sich selbst sprach – manchmal die Einzahl und dann wieder die Mehrzahl gebrauchte. Ich bat ihn um eine Erklärung, die er mir ohne Umschweife gab:

A: Wenn ich »uns« sage, dann liegt das – wie ich bereits schon einmal erwähnt habe – daran, daß das Wissen, das ich Ihnen vermitteln kann, nicht ausschließlich mein eigenes ist. Da Charles ein ASW-Kanal ist, werde auch ich zum Kanal. Das Wissen anderer Brüder und Lehrer fließt durch mich und durch Charles. Ich stehe mit ihnen in ständigem Kontakt – wie auch sie mit mir – und ich bin deshalb zu einem gewissen Grad auch nur Vermittler des hier Gesagten. Aus Gründen der Vereinfachung können Sie mich in Ihren Aufzeichnungen jedoch gerne weiterhin Yan Su Lu nennen.

Als ich um eine detaillierte Erklärung bat, fuhr Yan Su Lu fort:

»Um keine Mißverständnisse entstehen zu lassen, sollte ich vielleicht noch einmal betonen, daß Charles und ich auf die Unterstützung anderer angewiesen sind.
Auf mich allein gestellt, wäre ich nicht in der Lage, in Charles' Körper einzutreten. Dies ist nur mit Hilfe unserer Brüder möglich, die ihre Energie zur Verfügung stellen und eine Art Trichter aus Energie – aus positiver Energie – bilden, ohne den ich den Kontakt nicht aufrechterhalten könnte. Nur mit Hilfe ihrer positiven Energie können wir Charles auf diese Ebene und mich auf eine für ihn erreichbare Ebene bringen.«

In der Gestalt von Charles versuchte dabei Yan Su Lu mit den Händen, die relative Distanz beider Ebenen anzudeuten.

»Aus eigener Kraft wäre es Charles unmöglich, hier herauf zu gelangen. Deshalb bilden unsere Brüder zwischen uns eine Brücke und heben mit ihrer Energie Charles' Schwingungen auf die Kontaktebene, auf der ich dann die Verbindung herstellen kann.«

F: Was geschieht mit Charles' Bewußtsein, wenn der Kontakt hergestellt ist? Ist es völlig ausgeschaltet?

A: Nicht ganz. Als wir zum ersten Mal Kontakt mit ihm herstellten, war er sehr besorgt über die Möglichkeit, sein eigenes Bewußtsein völlig zu verlieren.
Wir respektierten seine Einstellung und erklärten ihm, daß diese Befürchtung unnötig sei.
Jedoch ist sein Bewußtsein während dieser Dialoge weitgehend ausgeschaltet, da es ihm äußerst schwerfallen würde bei vollem Bewußtsein zu bleiben und uns gleichzeitig zu gestatten, sein Nervensystem zu übernehmen und die Transformation der Energie, die durch sein Gehirn strömt, zu ermöglichen.

F: Ist Charles in der Lage, die durchkommende Information eigenmächtig zu ändern?

A: Er könnte es versuchen. Da aber sein Wille gegen die äußerst starke Energie ankämpfen müßte, die durch sein Nervensystem vibriert, würde er zusammenhanglos sprechen und zu stottern anfangen. Wir würden dann sofort die Kommunikation abbrechen.

F: Welchen Wortschatz gebrauchen Sie? Charles' oder den Ihren?

A: Charles' Wortschatz. Wir sind völlig auf seine Sprachkenntnis angewiesen. Auf der Suche nach dem richtigen Wort kommt es hin und wieder vor, daß Charles eine Zeitlang um eine Sache herumspricht, sie sozusagen einkreist, bis die Bedeutung genau stimmt.

Dritte Sitzung

Die dritte Sitzung unterschied sich auf dramatische Weise von den beiden vorhergegangenen, denn Yan Su Lu erklärte, er sei nicht in der Lage, mit Charles richtigen Kontakt herzustellen. Er betonte, daß Charles für die Sitzungen eine ausgeglichene Gemütsverfassung benötigte, und daß er selbst in Zukunft Charles auf telepathischem Weg dahingehend beeinflussen werde. (Von diesem Tage an sagte Charles uns in der Regel offen, wenn er sich zu abgespannt fühlte, an einer Sitzung teilzunehmen.)

Ich berichte auch von dieser Sitzung, um zu dokumentieren, daß nicht immer eine Kontaktaufnahme möglich war, und Yan Su Lu unter Umständen aus eigenem Ermessen die Sitzung abbrach.

Sitzung mit Charles Roberts am 4. 5. 78
(Charles in Hypnose)

A: Guten Abend.
F: Guten Abend, Yan Su Lu.
(lange Pause)
A: Es ist leider nicht möglich, unser Gespräch fortzusetzen, denn Charles ist nicht in der Lage, den richtigen Kontakt aufzunehmen. Es haben sich Schwierigkeiten ergeben, und wir wollen nicht noch mehr seiner Energien verbrauchen. Wir haben ihm auf telepathischem Wege bereits mitgeteilt, daß es nicht sehr klug wäre, heute abend eine Kommunikation zu versuchen. In Zukunft wird er Botschaften dieser Art beachten und verstehen lernen. Unsere Kommunikation kann nur dann fruchtbar sein, wenn Sie alle Ihre ungeteilten Energien für den Kanal und die Kontaktaufnahme zur Verfügung haben. Vor allem muß der ASW-Kontaktkanal, das heißt der Verbindungsweg für das Zustandekommen einer Kommunikation, ein ausreichend hohes Energieniveau besitzen. Obwohl innerhalb Ihres Zeitgefüges und Ihrer Planung sicherlich eine gewisse Dringlichkeit für unsere Sitzungen verständlich ist, wären Sie gut beraten, zu akzeptieren, daß nichts ohne Grund geschieht. Die Zeit – Ihre Zeit – ist dabei nicht wichtig.
Heute abend ist es uns nicht möglich fortzufahren. Und vergessen Sie bitte für die Zukunft nicht, daß Charles eine ausgeglichene Gemütsverfassung braucht – ohne die wir unsere Gespräche nicht fortsetzen können. Er selbst wird wissen, ob und wann es soweit sein wird.
Wenn Sie ihn anhören, dann achten Sie darauf, ob ein guter Kontakt zwischen ihm und uns besteht. Sie werden es merken. Charles muß auf uns hören; denn wenn der Kontakt nicht stattfindet oder nicht vollständig ist, werden Spannungen und Unbehagen unter Ihnen auftreten. Das wollen wir vermeiden. Wir werden uns wiedersehen, wenn die Zeit reif ist. Gott segne Sie.

7.
Yan Su Lus Ansichten zu spezifischen Themenbereichen

Mitte des Jahres 1978 hatten meine Sitzungen mit Charles einen eigenartigen Charakter angenommen. Unsere Rollen hatten sich gewandelt. Mittlerweile war Charles in der Lage, sich selbst in einen Zustand der Trance zu versetzen und Yan Su Lu ohne meine Hilfe als Hypnotiseur zu rufen. Jedesmal, wenn Charles sich selbst in Hypnose versetzte – ein Vorgang der etliche Minuten dauerte – legte er, sobald er das Trancestadium erreicht hatte, die Handflächen in typischer Gebetshaltung zusammen und begrüßte mich würdevoll. Seitdem bestimmte er, wann eine Sitzung beendet war: Er wünschte mir mit einer leichten Verbeugung »gute Nacht« und ließ dann seine Hände auf die Knie sinken. Yan Su Lus Gesichtszüge verschwanden allmählich aus Charles' Gesicht, bis es wieder seinen eigenen Ausdruck annahm. Ich selbst begnügte mich mit der Rolle des Beobachters, der die Fragen stellte.

Zwei Jahre lang fanden die Gespräche mit Yan Su Lu statt. Je länger ich Yan Su Lu lauschte, desto öfter erkannte ich Anschauungen und Denkweisen wieder, auf die ich beim Studium esoterischer Literatur gestoßen war und die ich aus persönlichen Begegnungen mit geistigen Lehrern kannte. Vieles jedoch, das Yan Su Lu erzählte, eröffnete mir unbekannte Welten, in die ich bisher noch keinen Blick geworfen hatte.

Eine weitere interessante Änderung hatte in Charles' Privatleben stattgefunden. Er wollte sich von seiner Frau scheiden lassen. Der Umstand, daß Yan Su Lu ihn als Sprecher für seine emotional sehr ausgeglichenen Botschaften benutzte, schien nicht so ohne weiteres auf Charles' Alltagsleben abzufärben, obwohl er sich fraglos inmitten eines langwierigen Prozesses befand, der seine Lebensauffassung veränderte.

Noch immer stellte sich mir bei meinen abendlichen Gesprächen mit Yan Su Lu die Frage, wo Charles' Geist endete und der Yan Su Lus begann – und vor allem, ob beide Teile eines größeren Ganzen waren.

Im folgenden sollen einige Auszüge aus meinen Aufzeichnungen der philosophischen Darlegungen meines chinesischen Freundes wiedergegeben werden, von denen ich annehme, daß sie für den Leser von Interesse sind.

I. Die universale Weisheit und die Suche nach dem Lehrer in uns

F: Über welche Thematik würden Sie heute abend gerne sprechen?

A: Dieses Mal würde ich gerne über die potentiellen Möglichkeiten sprechen, die in jedem einzelnen menschlichen Wesen verborgen liegen, das diesen Planeten bewohnt.
Keine Seele, die Leben in einen Körper atmet, ist bar alles Göttlichen und der göttlichen Kraft.
Dies sind sicherlich keine revolutionären Erkenntnisse. Viele vor mir haben das gesagt, und viele nach mir werden es wieder sagen.
Es ist ein Phänomen eurer Zeit, daß die Einfachheit und Klarheit viel an Bedeutung verloren hat. Worte der Liebe und des Glaubens, der Ehrlichkeit und der Tugendhaftigkeit haben sehr verwaschene Inhalte bekommen. Wir sind heute mit einer Gesellschaft konfrontiert, die falsch und unecht ist und die einen Bewußtseinsstand zuläßt, der sich immer weiter von der Wahrheit entfernt. Es lag ganz gewiß nicht in der Absicht unseres Vaters, seine Wahrheit zu verbergen oder zu mystifizieren, denn Er hat gesagt: »Schaut nach innen. Alle Antworten liegen in euch.« Wir dürfen nie vergessen, daß uns der Vater in seiner unendlichen Liebe niemals in eine

dunkle und unverständliche Welt gesandt hätte. Unser Leben soll der Wahrheit gewidmet sein; einer Wahrheit, die leicht zu verstehen ist. Die Verwirrung, die in euch ist, ist allein durch die Fehlinterpretation dieser Wahrheit entstanden.

Ich bediene mich der Ausdrucksweise der westlichen Philosophie, denn wenn ich Sie richtig verstehe, sind Ihre Aufzeichnungen für Ihre Mitmenschen gedacht...

Ein anderes Gesprächsthema könnten die Auseinandersetzungen zwischen den verschiedenen Philosophien und Weltanschauungen werden, ein Thema, über welches wir zu einem anderen Zeitpunkt sprechen können. Heute möchte ich nur noch bemerken, daß der eigentliche Konflikt zwischen den Religionen lediglich in der Auslegung der Wahrheit liegt, wie wir im weiteren erkennen werden. Der Unterschied zwischen der Wahrheit, die der Vater euch und uns allen gegeben hat und der Wahrheit, wie sie die Menschen verstehen, liegt ganz allein im Ego des Menschen begründet – in seinem Bedürfnis, besser zu sein und mehr zu besitzen als seine Mitmenschen. Trotzdem ist ein Zeitalter der Erleuchtung angebrochen; doch die Evolution des Geistes schreitet nur langsam voran, und der Fortschritt ist ein langwieriger Prozeß.

Die geistige Entwicklung ist jedoch auch – in der westlichen Welt – unverkennbar.

Alle Menschen sind potentiell mit der Fähigkeit geistiger Entfaltung gesegnet, die bei den meisten nur verborgen bleibt, da sie sich weigern, die Kraft, die in ihnen steckt, zu akzeptieren. Die Menschheit macht nur von einem kleinen Teil der ihr gegebenen göttlichen Kraft Gebrauch. Sie werden fragen, wie kann man sich diese Dimension erschließen? Meditation! Stille! Ein wesentlicher Punkt ist die Einsicht des Menschen in sein Bedürfnis nach Stille und in die Notwendigkeit, mit seinen Gedanken alleine sein zu können. Nur dann ist er in der Lage, seine Energien zu nutzen, um mit dem Vater in ihm in Verbindung zu treten.

In einer solchen Kommunikation sind alle Antworten auf sämtliche Fragen zu finden.

Diejenigen, die zu einer solchen Kommunikation noch nicht fähig sind, können die Hilfe der Menschen in Anspruch nehmen, die bereits eine höhere geistige und seelische Entwicklungsstufe erreicht haben und deren Aufgabe darin besteht, ihre Mitmenschen nach besten Möglichkeiten zu führen und zu leiten.

Doch sind dem Grenzen gesetzt, denn auch ein Mensch mit solchen Fähigkeiten ist nicht immer in der Lage, die Persönlichkeitsstruktur des anderen vollständig richtig zu verstehen, da die aus dem Inneren mobilisierte Kraft noch immer äußeren Einflüssen unterliegt. Solange die Menschen, die geistige Führung in Anspruch nehmen wollen, nicht wirklich und konsequent den Weg des Geistes eingeschlagen haben, werden sie Schwierigkeiten haben, den Deutungen und Auslegungen ihres Lehrers zu vertrauen.

Sie leben gegenwärtig in einer Zeit, in der Begriffe wie Außersinnliche Wahrnehmung, Hellsehen und Meditation neue Bedeutungsinhalte gewonnen haben, und viele Menschen stehen diesen Vorstellungen aufgeschlossen gegenüber.

Allerdings möchte ich davor warnen, die ganze Wahrheit auf einmal erfassen zu wollen. Ich rate zu kleinen Schritten und empfehle Zurückhaltung und Diskretion.

Haben Sie für heute noch weitere Fragen?

F: Welches ist der beste Weg, Weisheit zu erlangen und unser wirkliches Selbst zu finden?

A: Ihr wirkliches Selbst können Sie nur durch die Analyse Ihrer Emotionen, Ideale und philosophischen Anschauungen finden. Auf der Suche nach diesem wirklichen Selbst dürfen Sie nie vergessen, daß sämtliche Antworten in Ihnen selbst liegen. Auch wenn diese Antworten nicht so leicht zugänglich sind wie erhofft, sind sie doch latent vorhanden.

Hören Sie auf die Stimme des Vaters in Ihnen!

Sie müssen begreifen, daß meditative Perioden gut und hilfreich sind, Fragen zu stellen und Antworten zu erhalten.

Doch um mehr als Teilwahrheiten zu erfahren, müssen Sie in der Lage sein, auf ehrliche Art und Weise mit ihrer körperlichen und geistigen Unvollkommenheit umzugehen.
Welche Antwort sich Ihnen auch immer als Lösung Ihrer Probleme anbieten mag, ohne die Einsicht, daß das Ego überwunden werden muß, kann es keine wirkliche Lösung und Erlösung geben. Auch Ängste müssen überwunden werden.
Nicht immer sind Antworten auf Fragen die einfachste Art, Probleme zu bewältigen, denn oft können diese Antworten schmerzlich und unbequem sein. Doch diese schmerzhaften Erfahrungen sind ausschließlich Folgen Ihrer eigenen Entscheidung.
Die freie Willensentscheidung des Menschen hat ihn also in diesen Zustand der Unvollkommenheit gebracht. Eine Antwort wird immer gefunden, wenn eine gesucht wird. Doch da sich das Ego noch nicht selbst überwunden hat, ist eine Antwort nicht immer gleichbedeutend mit der Lösung. Reinigt eueren Geist, damit die Antwort zu einer Lösung führen kann.

Ich warf einen Blick auf mein Notizbuch. »Frage Yan Su Lu nach der Notwendigkeit eines persönlichen Gurus.« Ich hatte die Absicht, Yan Su Lu in eine Diskussion zu diesem Thema zu verwikkeln, da sich in allen Teilen dieser Welt zahllose Menschen auf der Suche nach einem Guru, einem geistigen Lehrer befinden: in Indien, wo der Suchende aus der religiösen Tradition die Hoffnung schöpft, irgendwann seinen eigenen Guru zu finden – oder im Westen, wo der Mensch unter der Last einer zu komplex gewordenen Gesellschaft nach Hilfe Ausschau hält... Weder im Osten noch im Westen fehlt es an selbsternannten geistigen Lehrern, die sich der Probleme der Hilfesuchenden annehmen – oft zum Preis einer beträchtlichen Gegenleistung in Form von Geld oder Dienstleistungen.

Ich habe mich mit den meisten dieser Gurus – sowohl des Ostens als auch des Westens – näher befaßt, und selten habe ich einen nutzbringenden und fruchtbaren, gesunden Menschenverstand entdecken können, der eigentlich das Merkmal eines echten geistigen Lehrers sein sollte. Der Markt für Gurus ist übersättigt. Die Verheißung der Glückseligkeit, das Versprechen, außerordentliche Kräfte zu erlangen oder die Erhöhung und Läuterung des eigenen Karma (Ergebnis der eigenen Taten) zu erreichen, wetteifern um die Gunst des vertrauensseligen Adepten. In vielen Menschen regt sich die tiefverwurzelte Hoffnung nach Erleuchtung, nach einem Fundament, das dem Leben einen Sinn gibt. Doch alles Streben danach erstickt in oberflächlichen Ritualen, Meditationstechniken und der eitlen Selbstdarstellung der zahlreichen Lehrer. Die Gewissenlosigkeit und Abgefeimtheit dieser selbsternannten Gurus, die nicht davor zurückschrecken, aus dem tief empfundenen Bedürfnis der Menschen nach Geborgenheit und Verständnis Kapital zu schlagen, ist eines der traurigsten Kapitel unserer Zeit.

Aus diesem Grunde fragte ich Yan Su Lu nach seiner Meinung über Gurus:

F: Viele Menschen verspüren das dringliche Bedürfnis, einem lebenden Guru und Meister zu folgen, der sie führt und unterstützt. Was halten Sie davon?

A: Sie dürfen nicht vergessen, daß jeder einzelne von uns seine Lehrer und Gurus hat – um bei Ihrer Terminologie zu bleiben. Sie sind immer bei uns, denn ihre ausschließliche Aufgabe ist es, die Seele auf einen positiven geistigen Weg zu führen. In vielen Fällen ist dies jedoch unmöglich geworden, denn oft überdecken die Bewußtseinsinhalte und das bewußte faktische Denken in sehr starkem Maße die spirituellen Bedürfnisse der Seele.
Trotzdem sind und bleiben die geistigen Lehrer stets bei uns. Wenn allerdings jemand das Bedürfnis nach einem von Angesicht zu Angesicht erfahrbaren Lehrer und Führer empfindet, dann ist nichts dagegen einzuwenden – allerdings nur, nachdem er die Lehren und Anschauungen des besagten Gurus zuvor kritisch geprüft hat.

Es gibt unendlich viele Wege zu unserem Vater, und nicht alle Lehren und Philosophien sind für den einzelnen auf seiner jeweiligen Stufe der geistigen Evolution hilfreich.

(Die Antwort Yan Su Lus stimmt überein mit der Äußerung von Sathya Sai Babas, wenn er sagt:

»Derjenige, der euch von der Existenz des allgegenwärtigen Gottes erzählt, ist der wirkliche Guru, und nicht der, der euch Erlösung verspricht. Erlösung nur dann, wenn ihr ihm euere Brieftasche zu Füßen legt. Laßt euch nicht von diesen profanen, von Gier und Egoismus erfüllten Männern irreführen. Betet zu Gott, er möge eueren Geist erleuchten, eueren Verstand erwekken und euer Guru sein. Er wird euch sicher auf den rechten Weg führen.«)

Meine nächste Frage an Yan Su Lu lautete:

F: Was bedeutet »Selbstverwirklichung?«

A: Selbstverwirklichung ist das Verstehen dessen, was die Seele zu sagen hat. Mit anderen Worten: Selbstverwirklichung wird in Augenblicken der Meditation erreicht. Durch stille Meditation kann man mit seiner eigenen Lebenskraft, mit seiner Seele in Verbindung treten, und das auf diese Weise aus einem selbst erfahrene Wissen wird unter Umständen die Probleme verringern, die bereits zu einem Bestandteil der Bewußtseinsinhalte geworden sind. Ebenso hat Selbstverwirklichung mit dem Erkennen des Vaters zu tun; mit dem Akzeptieren einer göttlichen Kraft in uns. Das Erkennen dieser Kraft und die Bereitschaft, mit ihr in Verbindung zu treten, ist äußerst förderlich und hilfreich für die Entwicklung oder besser die Entfaltung der geistigen Möglichkeiten.

Für einen Augenblick hielt ich inne, denn die Worte meines Freundes und Lehrers Professor Schmaltz kamen mir in den Sinn: »Jenseits des Bewußtseins, im dunklen Reich der Seele, existiert etwas, das unabhängig denkt und meditiert, das auf das Bewußtsein Einfluß nimmt und zusammen mit diesem ›die Wahrheit macht‹.« Ich verfolgte den Gedanken weiter und bat Yan Su Lu, den Unterschied zwischen vollkommener Selbstverwirklichung und einer Vision des Göttlichen zu erklären.

A: Jemand, der sich selbst verwirklicht und sich in seinem geistigen Wissen gefunden hat, lebt dieses geistige Wissen auch gleichzeitig. Er wurde zu dem, was er ist, weil er mit dem, was in ihm selbst ist, mit dem göttlichen Selbst, in Verbindung getreten ist – und er ist dadurch gewachsen.
Jemand, der eine Vision des Göttlichen hat, mag dieses geistige Wissen erkennen, doch bedeutet dies noch nicht, daß er es auch lebt.

F: Können Sie uns das Konzept der Dreifaltigkeit – Vater, Sohn und Heiliger Geist – erklären?

A: Man kann sie ganz einfach als eine zeitgemäße Beschreibung der drei Aspekte des Menschen verstehen: des geistigen, des mentalen und des körperlichen Aspekts. Denn dies sind die drei Erscheinungsformen des Lebens auf diesem Planeten. In anderen Lebensbereichen sind dies nicht notwendigerweise die einzigen Formen der Existenz – hier auf der Erde allerdings schon.

F: Stehen Ihre Lehren im Konflikt mit dem Christentum?

A: In gewissem Maße ja; nämlich insoweit, wie die Menschen die Lehren des Christentums selbst interpretiert haben. Wenn wir allerdings von den Lehren des großen Meisters Jesu sprechen, sicherlich nicht.
Ein Lehrer, der im Widerspruch zu einem Meister steht, verdient die Bezeichnung Lehrer nicht.
Worin wir nicht übereinstimmen können, sind die individuellen Auslegungen der Religion, die zu falschen Lehren geführt haben. Die ursprünglichen Lehren des Meisters sind reine Wahrheit und Liebe.

F: Gibt es Richtlinien, nach denen wir unser Leben auf diesem Planeten führen sollten?

A: In Anbetracht der Tatsache, daß jede einzelne Seele mit einem anderen Karma und einer anderen Lebensstruktur in dieses Leben eintritt, kann ich hier nur einen einzigen diesbezüglichen Ratschlag geben: Entwickelt die Fähigkeit zu lieben, selbstlos zu lieben, denn mit der Liebe, mit der selbstlosen Liebe wächst das Verständnis, die Toleranz und die Aufgeschlossenheit. Vieles kann durch die Liebe gelernt werden; doch ist es offensichtlich wesentlich einfacher, von ihr zu sprechen, als sie zu leben, denn die Wirrnisse in denen die ganze Welt steckt, sind das beste Anschauungsmaterial dafür, wie weit die Menschen von der Liebe abgekommen sind. Darüber hinaus können wir ohne das Erkennen der göttlichen Kraft in uns allen und ohne den Glauben an den Gott-Vater unsere eigene Existenz nicht gänzlich erfassen und verstehen.

F: Gibt es eine Möglichkeit für uns, das Negative und die Gewalt, die die Welt beherrschen, zu neutralisieren?

A: Euer Leib ist der Tempel des Vaters, der Tempel eurer unsterblichen Seele. Es ist der Ort, an dem ihr wohnt, an dem ihr euren Frieden finden und Harmonie erlangen könnt – unabhängig von der Außenwelt und ihren Geschehnissen. Denn ihr müßt den Sinn eurer eigenen Existenz verstehen und euch für ein Leben in Liebe, Toleranz und gegenseitigem Respekt entscheiden. Wenn ihr das erreicht, dann ist es nicht mehr wichtig, was außerhalb von euch geschieht. Die wirklich wichtigen Ereignisse finden in euch selbst statt.

Yan Su Lus Äußerung erinnerte mich an die Antwort, die Sri Bagavan Maharshi* von Arachnuhala einem seiner Schüler gab, als dieser ihn fragte:

H: Meister, kann ich etwas für die Welt tun?

Bh: Tu etwas für dich selbst, und du hilfst der Welt.

H: Ich möchte etwas für die Welt tun. Soll ich nicht nützlich und hilfsbereit sein?

* Arthur Osborne: »Ramana Maharshi and the Path of Selfknowledge«, Samuel Weiser, New York, 1973.

Bh: Doch. Tu etwas für dich, und du nützt der Welt. Du bist in der Welt, du bist die Welt. Du unterscheidest dich nicht von der Welt; genausowenig, wie sie sich von dir unterscheidet.

II. Meditation, Zeit und Ewigkeit

F: Während unserer Sitzungen haben wir oft über Meditation als einen Weg zu Gott gesprochen. Gibt es auch andere Wege, oder ist Meditation die einzige Möglichkeit?

A: Die Bedeutung der Meditation für die geistige und seelische Entwicklung kann man nicht hoch genug einschätzen. Wie sonst als durch unsere eigene, persönliche Verbindung mit dem Vater könnten wir auf eine Entfaltung hoffen? Ohne eine Verbindung mit dem Vater dauerte die geistige und seelische Entwicklung wesentlich länger. Haben wir dies jedoch einmal erkannt, wird das Erwachen unseres geistigen und seelischen Bewußtseins unsere Schritte auf dem Weg der Evolution beschleunigen. Natürlich ist auch ein Mensch, der ein ehrliches, rechtschaffenes und anständiges Leben führt, ohne bewußt einer geistigen Lehre zu folgen, ebenfalls auf dem richtigen Weg.

Doch wieviel schneller würde sich dieser Mensch entfalten, wenn er sich nur etwas Zeit nähme, um mit dem Vater in Verbindung zu sein und zu erfahren, welch kostbares Geschenk er uns gemacht hat: unser Leben – die wunderbarste und teuerste Gabe. Von unserem Vater können wir am ehesten lernen, wie wir uns zu dem menschlichen Wesen entwickeln, als das er uns gewollt hat. Dies – meine Brüder und Schwestern – ist der eigentliche Grund unseres Daseins: zu dem wunderbaren menschlichen Wesen zu werden, das in uns allen ist. Wir wollen diesen Menschen entdecken, ihn vor der Welt enthüllen und dann die Schönheit erkennen, die in ihm ist.

F: Was verstehen Sie unter Meditation?

A: Meditation kann für jeden etwas anderes sein. Was immer sie jedoch für den einzelnen bedeuten mag – sei es ein Gebet, sei es bewußtes, auf Gott-Vater oder auch auf sein eigenes, individuelles Selbst gerichtetes Denken – es ist ein Weg, eine Tendenz oder Richtung, zu verstehen, was es mit dem Leben auf sich hat.

F: Yan Su Lu, besitzen Sie auf Ihrer Existenzebene ein Zeitbewußtsein?

A: In unserer Dimension – wollen wir sie als Ebene der ätherischen Existenz bezeichnen – existiert der Begriff der Zeit nicht. Zeit existiert allein zum Nutzen der Menschheit innerhalb ihrer eigenen Dimension. In meiner Existenz ist sie nicht notwendig. Wir denken nicht an die Zeit. Wir betrachten das Leben nicht anhand von Zeitabläufen, denn es gibt kein Morgen, und es gibt kein Heute.

Es gibt ein Immer, ein Immer-Jetzt, und das Jetzt ist zugleich das Immer. Ich möchte nicht den Eindruck erwecken, als wollte ich einer Antwort aus dem Weg gehen, doch wir müssen uns darüber im klaren sein, daß die Seelen auf der ätherischen Existenzebene – auch wenn sie sich erst vor kurzer Zeit von der physischen zur ätherischen Ebene entwickelt haben – in demselben Maße, in dem sie ihre irdische Persönlichkeit verlieren, auch ihr Gefühl für die Zeit verlieren.

Zeit ist hier nicht existent.

III. Schwingungen von Namen, Seelenstrukturen und Prädestination

F: Welche Bedeutung hat der Name Yan Su Lu?

A: Welche Bedeutung hat der Name Eugene Jussek?

F: Hat es mit Schwingungen zu tun?

A: Richtig – wie die meisten Namen. Man erhält sie, ehe man in den Prozeß des Lebens eintritt. Jeder Buchstabe besitzt seine eigene Schwingung, und in ihrer Summe stimmen sie mit den Schwingungen und Strukturen überein, welchen das Individuum im Laufe seines Lebens folgt.

Es kommt der Zeitpunkt, an dem eine Änderung des Namens nicht nur möglich, ja sogar nützlich ist. Die Wechselfälle, die oft im Verlaufe eines Lebens stattfinden, können zur gegebenen Zeit eine solche Namensänderung notwendig erscheinen lassen, um eine adäquate Schwingung zu erreichen. Eine solche Namensänderung ist zwar nicht absolut notwendig, jedoch äußerst hilfreich, denn – wie ein jeder verstehen kann – zieht ein interner Wandel externe Veränderungen nach sich.

F: Besitzt das Worte »Seele« bezüglich seiner Schwingung eine besondere Bedeutung?

A: Das Wort »Seele« ist in Ihrem Sprachgebrauch mit einer äußerst konstruktiven Schwingungsenergie verbunden. Würde man zum Beispiel das Wort »Seele« in Ihrer Sprache stetig wiederholen, würde es sich mit einer hohen Schwingungsfrequenz aufladen, denn es gehört zu dem Aspekt des Körpers, den man als göttliches Selbst bezeichnet.

Das göttliche Selbst ist der Teil eines jeden Menschen, der die Lebenskraft enthält, die der Vater uns allen schenkt und die wir die Seele nennen. Natürlich gibt es dafür in anderen Sprachen andere Bezeichnungen, doch sollten wir hier innerhalb des uns allen verständlichen Sprachgebrauchs bleiben. Das Wort »Seele« wurde deshalb gewählt, da es auf der Ebene der Vibration das zum Ausdruck bringt, was eigentlich »göttliche Lebenskraft« bedeutet. Die Seele ist eine energetische Kraft und bleibt unsichtbar – doch ohne ihre Existenz innerhalb des physischen Körpers könnte das Leben nicht sehr lange fortbestehen.

Ich gebrauche absichtlich den Ausdruck »sehr lange«, denn während der fötalen Entwicklung bewohnt die Seele den Körper noch nicht.*

Die Seele bringt bereits sämtliche Erfahrungs- und Verhaltensstrukturen mit, durch welche das Lernen des Individuums im Verlaufe seiner Existenz vorstrukturiert ist. Die Seele erkennt und registriert die Unbilden und Ungerechtigkeiten, die ihrem Individuum, bzw. dessen Bewußtsein und dessen freiem Willen, widerfahren mögen. Trotzdem versucht sie, die motivierende und vorherrschende Kraft zu bleiben, die den Lebensweg des jeweiligen Individuums inspiriert und bestimmt.

Kein Karma kann eine Seele zwingen, als eine negative Persönlichkeit zu erscheinen und zu leben. Dies entspricht nicht unserer Natur. Es ist ein erlernter Prozeß.

Negativität leugnet den Einfluß der Seele und den karmischen Plan. Sie ermöglicht dem Starrsinn und der Uneinsichtigkeit, über die innere Stimme zu triumphieren. Was ich meine, bedeutet im Wesentlichen, daß alle Seelen unter positiver Führung ins Leben treten. Niemand ist unausweichlich dazu bestimmt, negative Erfahrungen auf sich oder andere zu laden; niemand ist dazu bestimmt, anderen moralischen, geistigen oder physischen Schaden zuzufügen. Dies geschieht nur, weil es ein Ego gibt, welches die Geistseele daran hindert, die Führung zu übernehmen.

F: Könnten Sie uns erklären, wie ein positives Karma funktioniert? Man könnte doch annehmen, daß in einem Fall, in dem zwei Menschen all ihren Aufgaben und Verpflichtungen nachgekommen sind und in einer positiven Interaktion zusammengelebt haben, für beide keine weitere Notwendigkeit mehr besteht, sich in einer zukünftigen Existenz wiederzu-

* »Bewußtsein«, Kap. 7. S. 18.

treffen. Sie könnten doch zu neuen Erfahrungen in gänzlich neuen Lebensbereichen aufbrechen. Warum kehren Seelen immer wieder gemeinsam auf dieselbe Ebene zurück?

A: Wie oft Seelen einer karmischen Reinkarnation unterworfen sind, hängt von ihrer Entwicklung und dem, was sie gelernt haben, ab. Als wichtigste Erfahrung ist natürlich eine solche Beziehung zu werten, die ihre Erfüllung in Liebe und gegenseitigem Verständnis gefunden hat. Ehe jedoch gegenseitige Achtung und Verständnis die vorherrschenden Motive zwischen zwei Seelen sein können, muß das bewußte Ego vollständig überwunden werden. Um dieses Ziel zu erreichen, sind viele, viele Reinkarnationen nötig. Denn was Ihnen – auf Ihrer Existenzebene – als eine Vollendung des Karmas erscheinen mag, muß nicht notwendigerweise auch so sein. Sobald Sie in eine Seelenexistenz eintreten, werden Sie erkennen, wie viele Erfahrungen Sie mit dieser anderen Person noch machen müssen; insbesondere Erfahrungen, bei denen tiefe Emotionen freigesetzt werden – wie Liebe oder ihr Gegenteil. Doch vergessen Sie nie: Es gibt viele Reinkarnationen.

F: Sind alle Existenzen gleichermaßen wichtig?

A: Jede Inkarnation ist wichtig; keine weniger als die andere. Es spielt keine Rolle, wie arm, wie elend und verkrüppelt Ihnen ein Mensch in seiner jeweiligen Existenz erscheinen mag, denn Umstände wie diese machen eine Inkarnation nicht weniger wichtig als ein Leben, das einen gewissen Grad an Ausgeglichenheit erreicht hat. Welche Erfahrungen auch immer eine Seele zu einem gegebenen Zeitpunkt durchleben muß – sie sind notwendig und letztlich das Resultat des eigenen Tuns.

IV. Seelenverwandtschaften, Gegenaspekte einer Seele und Leben auf anderen Galaxien

F: Kann eine individuelle Seele verschiedene Formen des Lebens erfahren?

A: Ja. Es existieren auch andere Lebensformen, die sich allerdings durch ähnliche Schwingungsebenen auszeichnen wie die irdische Existenz. Solche Lebensformen müssen nicht unbedingt an einen menschlichen Körper gebunden sein. Sie können außerirdisch, auf fernen Galaxien, existieren. Irgendwann einmal haben Sie alle Erfahrung in derartigen Lebensformen gemacht.

F: Da sich eine einzelne Seele aus verschiedenen Aspekten zusammensetzt, wäre es da nicht denkbar, daß sich diese Aspekte trennen und zur gleichen Zeit verschiedene Körper bewohnen?

A: Ja...; wie wir ja schon einmal gesagt haben. Könnten Sie sich selbst in diesem Augenblick – sozusagen von außerhalb – betrachten, würden Sie ein Teil des Ganzen sehen.

Die allumfassende Ganzheit, die vollständige Seele kann nur durch die Vereinigung ihrer voneinander getrennten Teile – nach einer erfolgreichen geistigen Evolution auf diesem Planten – erreicht werden. Jeder dieser voneinander getrennten Teile ist in sich selbst eine eigenständige Einheit, die im Begriff ist, zu lernen und zu wachsen.

Ein Aspekt einer Seele, mit der ihm eigenen individuellen Persönlichkeit, kann eine Ebene der geistigen Entwicklung erreichen, die weit über der Ebene steht, die der Gegenaspekt derselben Seele zu erreichen vermag. Der eine kann ein ausgesprochen geistig orientiertes Dasein führen, während der andere unter Umständen in den profanen Bereichen haftenbleibt. Der Aspekt der Seele mit der höheren Entwicklungsstufe wird möglicherweise den anderen verlassen und seinen Evolutionsprozeß auf anderen Ebenen des Lernens und Erfahrens fortsetzen. In Übergangsphasen und während Zeiten der Ruhe können die Seelen miteinander in Verbindung treten und erfahren, wo die andere weilt; die göttliche Kraft in der einen kann mit der göttlichen Kraft in der anderen kommunizieren. Nur wenn alle Seelenaspekte ihre schwierigen Aufgaben bewältigt haben, kann die Seele ihre irdische Mission beenden und andere Ebenen der Erfahrung betreten. Lassen Sie es mich so ausdrücken: die Gegenaspekte ein und derselben Seele können zwar völlig unterschiedliche Lebenswege und Entwicklungsstadien erfahren, doch letztendlich wird die Seele die Vereinigung erlangen.

F: Gibt es eine Möglichkeit, die Gegenaspekte seiner eigenen Seele zu erkennen? Sicherlich besteht dabei die Gefahr, von Emotionen irregeführt zu werden, doch existiert eine Technik, dies zu vermeiden?

A: Hat ein Mensch einmal eine bestimmte Bewußtseinsebene erreicht, dann besteht die Möglichkeit, daß einer der Gegenaspekte seiner Seele in seinen irdischen Lebensplan eingefügt wird. Das gegenseitige Erkennen würde jedoch auf einer geistigen und seelischen Ebene stattfinden. Es wäre ein unbewußter Kontakt, der eine tiefe Liebe und gegenseitiges Verstehen zwischen den beiden Menschen mit sich brächte.

F: Könnten Sie bitte den Unterschied zwischen den Gegenaspekten einer Seele und Seelenverwandtschaft erklären?

A: Bei Seelenverwandtschaft handelt es sich nicht um verschiedene Aspekte oder Teile von jemandes eigener Seele. Seelenverwandt sind die Seelen, die auf ihrer Reise durch viele, viele Lebensspannen ähnlichen Verhältnissen und Umständen begegnet sind und die sich auf diese Weise sehr, sehr nahegekommen sind. Ich muß allerdings noch hinzufügen: Hat einmal die Evolution des Bewußtseins in unserem irdischen Dasein diese Stufe des Verstehens erreicht, dann trennen sich diese Seelen auch wieder und gehen verschiedene Wege, um die Erfahrungen zu machen, die sie in diesem Universum noch zu erfahren haben.

F: Sie haben gesagt, die verschiedenen Teile der gleichen Seele würden sich eines Tages – nachdem sie ihr Karma durchlebt haben – vereinigen. Wie lange dauert so etwas?

A: Dafür sind zahllose Lebensspannen nötig. Und vieles hängt davon ab, wie zügig die geistige Evolution der verschiedenen Teile der Seele fortschreitet, die ja für eine Vereinigung der Seele Voraussetzung ist.
Es können zur gleichen Zeit bis zu zwölf voneinander unabhängige Teile Ihrer Seele Erfahrungen sammeln, leben und lernen. Letztendlich jedoch werden alle diese verschiedenen Existenzformen Ihrer Seele in totaler Harmonie vereinigt.

F: Was ist das letztendliche Schicksal aller Seelen?

A: Das Universum kennt keinen Stillstand. Deshalb entwickelt sich die Seele immer weiter, sie wächst, bewältigt die geistigen und seelischen Lernprozesse und erlangt schließlich die Fähigkeit, ein klares und von Liebe getragenes Verständnis für den Sinn des Lebens zu entwickeln. Sie bringt den Geist, die Seele und sämtliche Organe des Körpers miteinander in Einklang und erreicht schließlich die wahre irdische Harmonie. Wenn all diese Lernprozesse bewältigt sind, braucht die Seele nicht mehr in eine irdische Existenz zurückzukehren. Sie ist nun frei, neue Erfahrungen auf anderen Ebenen des Verstehens zu sammeln. Ich sollte hinzufügen, daß diese Ebenen natürlich von höherer, komplexerer und ausgesprochen spiritueller Art sind. Doch es wird nichts Unmögliches von uns verlangt, und wir brauchen uns nicht vor einer zu großen Verantwortung zu fürchten. Zahllose neue Aufgaben und Erfahrungen werden auf die Seele zukommen, wenn sie einmal die irdischen Sphären verlassen hat.

V. Eineiige Zwillinge, Seelenwanderung, Komazustände, Schizophrenie und die Möglichkeit eines seelenlosen Körpers

F: Sind eineiige Zwillinge Teile ein und derselben Seele?

A: Nein, das sind sie nicht, obwohl man es eigentlich vermuten könnte. Doch ihre Seelen werden nicht zu einer einzigen zusammengefügt. Die Seelen, um die es hier geht, stammen von verschiedenen Seelen ab, die zuvor bereits viele, viele Male zusammen waren. Man ist versucht, sie als seelenverwandt zu bezeichnen, denn eine noch engere Beziehung können zwei Seelen, die nicht von einer gemeinsamen Seele abstammen, kaum mehr eingehen; eine Beziehung, die natürlich nicht immer vollkommen harmoniert, die jedoch von gegenseitigem Verständnis und einem intuitiven, nicht auf Sprachmodelle angewiesenen Wissen um die Bedürfnisse des anderen gekennzeichnet ist.

F: Ist es möglich, daß eine Seele mitten im Leben und ohne das irdische Leben zu verlassen, in einen anderen Körper übergeht? Oder anders ausgedrückt: Besteht die Möglichkeit, daß ich in mir plötzlich eine andere Seele entdecke oder daß ich mich andererseits in einem fremden Körper wiederfinde?

A: Das ist völlig unmöglich. Die Seele kann in keinem anderen Körper Platz finden, wenn nicht zuvor eine Kulmination in die Übergangsphase stattgefunden hat. Mit anderen Worten: Es muß erst der Tod eintreten, ehe die Seele den Körper verlassen und in einen anderen übergehen kann.

F: Ist ein Körper ohne eigene Seele vorstellbar, der aber mit vielen Aspekten oder Teilen von anderen Seelen belebt ist?

A: Nein, das ist nicht möglich.

F: Und wie ist das bei Schizophrenie?

A: Hier haben wir es nicht mit verschiedenen Seelen zu tun. Die Seele ist stets die Ganzheit des Lebens innerhalb des physischen Körpers. Bei Geisteskrankheiten wie Schizophrenie haben wir es mit Besessenheit zu tun. Von außerhalb einwirkende Kräfte übernehmen das Nervensystem des physischen

Körpers und verfügen nach Belieben darüber. Dies ist natürlich nicht immer der Fall, denn es gibt in der Tat verschiedene Aspekte des Geistes, die manchmal für halluzinative Vorstellungen zugänglich sind. Doch in der Mehrzahl dieser Fälle sprechen wir von Besessenheit.

F: Und was ist mit einem Menschen, der anscheinend überhaupt keine Seele besitzt, der an einen Roboter erinnert und der in einer Art Schlafzustand existiert?

A: Alle menschlichen Wesen besitzen eine Seele. Am Leben zu sein heißt, eine Seele zu besitzen. Sobald eine Seele den Körper verläßt, findet der Übergang statt. Die Menschen, die Sie hier ansprechen, die zu schlafen scheinen, die keinerlei Energie aufbringen, die scheinbar nur vor sich hinvegetieren, sind Individuen, die ihrem eigenen Bewußtsein unterlegen sind. Sie haben in nicht ausreichendem Maße von ihrem freien Willen Gebrauch gemacht, um aktiv mit ihren Problemen fertig zu werden. Doch ganz sicher werden sich diese Probleme in allen Inkarnationen immer wieder stellen; so lange, bis diese Aufgabe bewältigt und die Problematik aus der Welt geschafft ist.

F: Entscheidet sich eine solche Seele bereits vor ihrer Inkarnation zu einem solchen Verhalten? Wählt sie bewußt ein Leben ohne jegliche Verantwortung, eine Existenz im Schlafzustand – oder auch im Ruhezustand?

A: Wir können das Wort »Schlafzustand« sowohl in negativer als auch in positiver Weise verwenden. Wenn Sie allerdings von einer Seele sprechen, die aus der Notwendigkeit, schmerzliche, durch ein früheres Karma verursachte, Erfahrungen zu machen, ins Leben tritt, die sich diesen Erfahrungen jedoch entzieht, dann gebrauchen wir das Wort natürlich im negativen Kontext. Andrerseits jedoch läßt sich das Wort »Schlafzustand« auch im positiven Zusammenhang verstehen. Der Unterschied ist ganz leicht zu erkennen, denn zum einen stehen negative Eigenschaften im Vordergrund, während zum anderen die positiven Eigenschaften überwiegen, und sich die Person tatsächlich in einer Art Ruhezustand befindet. Doch anstatt »Ruhe« sollten wir in einem solchen Fall besser das Wort »Betrachtung« gebrauchen. Man betrachtet das Leben, fließt mit ihm, ohne viel hinzuzufügen, doch man lernt auf stille Weise. Dies ist nicht negativ.

F: Ich hatte eigentlich eher einen retardierten Menschen im Sinn, der sein ganzes Leben auf der Stufe eines Fünfjährigen verharrt.

A: Unter diesen Umständen kann es sich um eine Seele handeln, die mit dem Geschlecht ihres Körpers nicht zurechtkommt und den Wunsch empfindet, nur deshalb in ihre Existenz zu treten, um zu betrachten und in passiver Weise zu lernen, mit dem Körper umzugehen. Die Lebensspannen solcher Personen sind oft nur sehr kurz. Für sie ist allein die Betrachtung und der Lernprozeß innerhalb ihres Körpers wichtig. Mehr ist nicht erforderlich.

F: Wie kann eine Seele irgend etwas lernen, wenn sie in einem zerstörten Körper lebt, der keine meßbaren Gehirnfunktionen mehr besitzt? Und was geschieht mit der Seele bei länger andauernden Komazuständen?

A: Das Bewußtsein ist in solchen Fällen natürlich ausgeschaltet, doch die Seele lernt aus allen Erfahrungen. Sie benötigt das Bewußtsein nicht, um aus solchen Erfahrungen zu lernen.

VI. Ehe, Liebe und Sex

F: Ist die Institution der Ehe notwendig?

A: Zur Zeit ist sie extrem notwendig, denn die Menschheit hat noch lange nicht den Punkt erreicht, an dem die Ehe überflüssig ist. Dies wird eines Tages der Fall sein. Doch glauben Sie mir, wir sind noch weit, noch sehr weit davon entfernt. Es wäre das Beste, keinen Gedanken daran zu verschwenden, der Mensch könnte den Punkt bereits erreicht haben, an dem die Ehe als Institution überflüssig wird.

F: Welche Rolle spielt das Schicksal, das Karma, bei der Wahl eines Ehepartners? Oder unterliegt diese Wahl gänzlich dem freien Willen?

A: Wieder zwei Fragen. Zu Beginn sollten wir festhalten, daß zuzeiten der freie Wille des Menschen, seine Entscheidungsfähigkeit – oder auch sein Eigensinn – dominiert. Nicht selten sind dann die Strukturen, nach denen er sich eigentlich richten sollte, verdeckt. Doch läßt sich sagen, daß die meisten Ehen geschlossen werden, weil entsprechende Lebensstrukturen – gegenwärtige oder auch früher erworbene – befolgt werden.

F: Was ist der Zweck der Ehe?

A: Da jeder einzelne von Ihnen als Individuum, mit individuellen und ganz eigenen Bedürfnissen und Ausdrucksmöglichkeiten in das Leben tritt, ist der Zweck der Ehe, voneinander zu lernen. Sie ist eine Gelegenheit, Harmonie zu erfahren. Der Mann erlernt Empfindsamkeit und die Frau Beharrlichkeit und Selbstbehauptung. Gemeinsam erschaffen sie eine dritte Energie – die Beziehung. Auch diese hat ihre eigenen Bedürfnisse. Sie muß gepflegt und nach Anzeichen von Erschöpfung überprüft werden. In dieses Energiefeld werden neue Seelen geboren: ihre Kinder. Wollen zwei Menschen die Ehe eingehen, dann ist das gut und recht.

F: Können Sie etwas genauer erklären, warum wir manchmal als Mann und manchmal als Frau geboren werden?

A: Jedes Geschlecht besitzt seine ihm eigene Sensibilität und Beschaffenheit. Im weiblichen Aspekt der Seele finden wir den sanften, vertrauensvollen und in der Regel sensibleren Aspekt. Innerhalb des weiblichen Aspekts der Seele trägt der psychische Teil der Seele viel eher Früchte als innerhalb des männlichen Aspekts. Dem männlichen Aspekt der Seele dagegen sind die nötige Stärke und Aggressivität zu eigen; und wenn ich von diesen Eigenschaften spreche, dann meine ich dies in einem durchaus positiven Sinn.

Mit dem männlichen Prinzip gehen also Stärke und Aggressivität einher und in den meisten Fällen auch ein prakti-

sches Denken, ohne das wir uns in diesem Leben nicht zurechtfänden, denn nicht jedes Leben hat per se eine geistige Entwicklung zum Inhalt, bei der die Seele ungestört suchen, lernen und wachsen kann.
Es gibt vieles zu erlernen, wollen wir dieses Leben in Harmonie führen – sowohl im Bereich der physischen als auch im Bereich der geistigen Welt. Deshalb werden die Eigenschaften des männlichen Gegenaspektes dringend benötigt, denn auch die Seele hat durch die physischen und geistigen Erfahrungen zu lernen. Je weiter Sie sich entfalten, desto klarer wird Ihnen bewußt, daß diese männlichen und weiblichen Eigenschaften allmählich zu verschmelzen beginnen, bis schließlich alles zu einem Ganzen geworden und vollendet ist. Dies würde die vollständige Harmonie der drei Aspekte des Menschen bedeuten: – des Geistigen, des Physischen und des Seelischen. Als Beispiel für eine harmonische Verbindung dieser drei Aspekte der menschlichen Natur sollte man Ihren Meister Jesus betrachten.

F: Sie haben einmal erwähnt, daß man von geistigen Übungen Gebrauch machen solle, um die Sexualität auf ein mehr geistiges Niveau zu heben. Können Sie dazu genaueres sagen?

A: Für das entwickelte Bewußtsein ist es unnötig, sich gänzlich seinem physischen Verlangen zu unterwerfen. Natürlich ist es auch bei geistig und seelisch weiterentwickelten Menschen das eindeutig physische Element, welches sich verwirklicht, doch beginnen die Gefühle, die Emotionen und die geistige Befriedigung einen größeren Stellenwert einzunehmen. Der Wunsch nach körperlicher Befriedigung wird keineswegs geringer, doch die ausschließliche Konzentration auf den physischen Bereich beginnt abzuklingen. Mann und Frau begreifen allmählich, daß die Verbindung der Körper gleichzeitig auch eine Kommunikation der Seelen ist, und ihnen wird klar, daß eine Vereinigung, die sowohl auf physischer als auch auf geistig-seelischer Ebene stattfindet, ein wunderschönes Erlebnis ist.

F: Nach dem Tantra-Yoga können Liebe und Sexualität auf eine, das normale Bewußtsein überschreitende Ebene gehoben werden. Was ist Ihre Ansicht dazu?

A: Das ist es, wovon ich spreche. Ich will es deutlicher formulieren: um eine Vereinigung, wie wir sie beschrieben haben, zu erreichen, müssen die beiden Partner ein umfassendes Verständnis dafür entwickeln, was sich zwischen ihnen ereignet. Unter dieser Voraussetzung ist es möglich, daß die Befriedigung, die der Liebesakt beinhaltet, auf eine Ebene transponiert wird, auf der den beiden Liebenden bewußt wird, daß der sexuelle Aspekt lediglich ein Teil der Vereinigung ist, nach der die beiden Seelen streben. Durch diese Bereitschaft, sich einander hinzugeben, sich einander zu schenken, erkennt man, daß die körperliche Vereinigung nur der Anfang ist. Wenn zwei Menschen ihre individuellen Energien in die Vereinigung einbringen und dem Partner diese Energie in einer Art gegenseitiger Kommunikation vermitteln können, beginnen sie ein Verständnis für die besondere Schönheit des körperlichen Liebesaktes, der mit einer geistig-seelischen Vereinigung einhergeht, zu entwickeln.

F: Eine Beziehung dieser Art setzt sich also auf der seelischen Ebene fort?

A: Diese Art der geistigen Kommunikation ist tatsächlich eine Erfahrung, die sich auch auf der seelischen Ebene vermittelt. Dies ist es, wonach die Seele ständig sucht. Denn es ist nicht absolut notwendig, auf physischer Ebene zu kommunizieren. Was allerdings notwendig ist, ist die geistige und seelische Kommunikation zwischen zwei Menschen – ist die Liebe füreinander.

F: Gibt es auch auf der Ebene der rein seelischen Existenz eine Möglichkeit, Liebe auszudrücken? Gibt es eine Vereinigung zwischen zwei Seelen, wie wir sie im irdischen Dasein kennen?

A: Die Liebe, von der Sie sprechen, wird in gänzlich andere Energieformen, als Sie sie aus Ihrer irdischen, physischen Erfahrung kennen, umgewandelt. Um es für Sie so verständlich wie möglich zu machen, müssen Sie sich vorstellen, Sie und der geliebte Partner würden nicht sprechen und Sie würden sich nicht berühren, doch durch die Kräfte der telepathischen Verbindung würden Sie Ihre Liebe füreinander bekunden und einander vollkommen verstehen lernen.

F: Was halten Sie von Gruppenehen? Ist das eine positive Entwicklung?

A: Dies sind im Prinzip Ablenkungen, die nicht von Dauer sind. Die Frage, ob positiv oder nicht, ist hier gegenstandslos, denn wenn eine Seele den Eindruck hat, eine derartige Erfahrung sei gut für die Entwicklung ihres Bewußtseins, dann mag dies so sein. Doch ist dies alles nicht von Dauer.

F: Kann Liebe – die ideale Liebe einer Zweierbeziehung – dazu beitragen, frühere Verstrickungen zu lösen, und so Energien freisetzen, die dann im Sinne der geistigen Evolution wirken?

A: Im Sinne der geistigen Bewußtwerdung. Denn Angst, Verlustangst, Versagensangst sowie die daraus resultierenden Übel, wie Besitzdenken, Eifersucht und Unehrlichkeit, sind auf das Ego des Menschen zurückzuführen. Wenn man die Liebe erlebt und praktiziert, beginnt sich das Selbst vom Ego, von der Selbstsucht zu befreien. Wenn das Glück nicht länger von äußeren Faktoren abhängt, wird es zu einem steten Gast des Selbsts. Und das Selbst ist dann frei, sich seiner bewußt zu werden. Bewußtwerdung und Bewußtsein sind notwendige Voraussetzungen für die Evolution der Seele.

F: Was sind Ihre Ansichten zum »Partnertausch«? Kann er eine heilsame Funktion haben?

A: Solche Fragen sind irrelevant. Sie haben nichts mit geistiger und seelischer Entfaltung zu tun. Sie beziehen sich auf die Befriedigung des Ego und nicht auf spirituelles Wachstum; hierfür ist es nicht nötig, sich mit solch psychologistischen und selbstgefälligen Dingen aufzuhalten.

F: Ist eine Scheidung unter Umständen gerechtfertigt? Ist es besser, wenn sich zwei Menschen trennen, als zusammenzubleiben und unerträgliches Leid und Schmerz zu ertragen?

A: Wenn sich eine Seele – eine individuelle Seele in diesem Fall – dazu entschließt, bei einer anderen zu bleiben, dann ist dies gänzlich eine Angelegenheit ihres eigenen Bewußtseins, ihres eigenen Vertrauens und ihrer Zuversicht in die gemeinsame Beziehung. Es hängt davon ab, was die beiden Seelen voneinander halten, was sie aus ihrer Beziehung gewinnen und lernen können...

Fügt man sich innerhalb der Beziehung keinen Schmerz zu, und kann man einen Wachstumsprozeß erkennen, ist dies offenkundig eine gute Sache. Doch gibt es keinen Grund für zwei Menschen, beieinander zu bleiben, wenn sie sich gegenseitig dadurch weh tun. Dies ist nicht der Weg der geistigen und seelischen Vervollkommnung, denn anstatt sich zu entfalten, schränkt man seine Entwicklung ein und beginnt karmische Erlebnisse auf sich zu häufen. Zu keiner Zeit ist es für zwei Menschen unausweichlich, dem anderen widersinniges Leid zuzufügen.

F: Vielen Dank.

VII. Das Bewußtsein

F: Wir haben bereits in früheren Sitzungen über Bewußtsein gesprochen. Sie erklärten uns, daß das Bewußtsein nicht vom physischen Gehirn abhängig ist. Besteht ein Zusammenhang zwischen Bewußtsein und Seele?

A: Ja, denn ohne Seele bzw. ohne die lebensspendende Kraft gäbe es kein Bewußtsein. Ohne die Unterstützung durch die Seele ist das Gehirn nicht in der Lage, Bewußtsein hervorzubringen.

F: Ist die Seele das gleiche wie Bewußtsein?

A: Die Seele erzeugt Bewußtsein. Es läßt sich auch folgendermaßen beschreiben: ohne Seele gibt es kein Bewußtsein, andererseits ist allerdings eine Seele ohne Bewußtsein durchaus möglich, da der Mensch die Freiheit hat, sich selbst zu begrenzen. Es besteht keine absolute physische oder physiologische Notwendigkeit zu denken, und trotzdem bewohnt die Seele den menschlichen Körper. Verläßt die Seele aber den Körper, existiert auch kein Bewußtsein mehr. Die Seele besitzt zahlreiche Aspekte. Sie ist der Teil von uns, den Gott erwählt hat, um sich selbst in uns darzustellen: wir als Er und Er als wir. Ohne die Kraft seiner Liebe, die uns dieses Leben, diese Seele einhaucht, würden wir gar nicht existieren. Die Seele hat, wie gesagt, viele Aspekte, und einer davon ist das Bewußtsein.

F: Wann tritt die Seele in den Körper ein?

A: Die Seele schwebt während der gesamten Schwangerschaft um den Körper. Das Leben wird mit dem ersten Atemzug des Kindes aufgenommen.

F: Das verstehe ich nicht ganz. Tritt die Seele zu dem Zeitpunkt in den Körper, wenn das Spermium in das Ovar eindringt oder erst bei der Geburt?

A: Bei der Geburt. Während der Schwangerschaftsmonate leiht die Seele bereits dem Fötus ihre Energie.

F: Besitzt der Fötus im Mutterleib ein eigenes Bewußtsein?

A: Der Fötus ist ein gänzlich physischer Organismus, dessen Existenz natürlich völlig von der Mutter abhängt. Doch die Seele, die einmal diesen neuen Menschen bewohnen wird, ist ebenfalls gegenwärtig – das heißt, sie hält sich in der Nähe des Mutterleibes auf. Um es verständlicher auszudrücken: Zu Beginn der Schwangerschaft ist die Seele noch relativ weit entfernt, hat jedoch bereits den ersten Kontakt mit dem Fötus aufgenommen, um sich auf den Eintritt in den Körper vorzubereiten. Je älter der Fötus wird, desto näher tritt die Seele an den Mutterleib heran, bis sie dann, im Augenblick der Geburt – wenn der Körper des Fötus aus dem Mutterleib gezogen wird – in den Körper des Kindes eintritt.

F: Vielen Dank. Ich würde das gerne noch etwas genauer wissen und möchte Sie fragen, welcher Art ist das Bewußtsein des Fötus, solange er im Mutterleib existiert?

A: Es ist ein Bewußtsein, das gänzlich auf der körperlichen Ebene bleibt. Wir betrachten das Bewußtsein erst dann als vollständig, wenn die Seele in den physischen Körper eingetreten ist. Dies ist ein langsamer Vorgang. Sobald der Fötus eine gewisse Lebenskraft und Größe erreicht hat, beginnt sie ihre Energie auf den Fötus zu übertragen und bereitet sich auf den Eintritt vor. In partiellen Bereichen hat die Seele schon lange vor der Geburt den Körper betreten, doch der vollständige und endgültige Eintritt findet erst bei der Geburt des Kindes statt.

F: Ist ein jedes Ding mit Bewußtsein ausgestattet? Auch die Materie wie ein Felsen zum Beispiel oder ein Nagel?

A: Wir können dies natürlich nur mit unseren eigenen Worten beschreiben, doch um es nicht komplizierter zu machen, als es ist, kann man sagen: ja, bis zu einem gewissen Grad ist jedes Ding mit Bewußtsein ausgestattet, denn alles lebt. Jedes Ding, das Sie sehen und anfassen können, ist innerhalb seiner eigenen Struktur lebendig.

F: Denkt die Materie? Denkt zum Beispiel ein Felsen?

A: Nicht in unseren Kategorien – natürlich nicht... Aber auch ein Fels trägt die Idee von sich selbst in sich – das heißt, er begreift sich als Fels. Ein begrenztes Bewußtsein natürlich – doch immerhin ein Bewußtsein. Denn alles, was der Vater, was Gott geschaffen hat, besitzt Bewußtsein.

F: Wenn wir sterben, sind wir dann irgendwann ohne Bewußtsein?

A: Bewußtsein durchdringt unsere gesamte Existenz – egal, ob es ein Leben in physischer oder ein Leben in ätherischer Form ist. Bewußtsein existiert immer. Nichts gerät je in Vergessenheit. Die Menschheit wird in der Entwicklung ihrer geistigen und seelischen Fähigkeiten irgendwann einmal eine Stufe erreichen, auf der sie alle Möglichkeiten der Entfaltung und der Lebensfreude, die Gott-Vater ihr gegeben hat, wahrnehmen und verwirklichen kann. Dann werden sich die Menschen an ihre früheren Existenzen ebenso klar erinnern, wie an den gestrigen Tag.

F: Yan Su Lu, als Sie in Ihrer letzten Inkarnation starben, haben Sie da in irgendeiner Phase des Übergangs das Bewußtsein verloren?

A: Es gab einen kurzen Augenblick – als ich die Augen geschlossen hatte – da wußte ich, daß ich beim Wiedererwachen meinen Körper abgelegt haben würde. Für eine kurze Zeitspanne war ich also ohne Bewußtsein. Den Übergang selbst erlebte ich nicht bewußt, doch kann es sich in Ihren Zeitmaßstäben höchstens um Sekundenbruchteile gehandelt haben.

F: Es war also nur ein sehr kurzer Augenblick?

A: Ja.

F: War Ihr Bewußtsein, nachdem Sie aufwachten, das gleiche wie das, das Sie während Ihrer körperlichen Existenz hatten?

A: In gewissem Maße schon – ja. Allerdings müssen Sie wissen, daß ein sehr großer Unterschied zwischen einer normalen Existenz und meiner damaligen Inkarnation besteht, denn gewöhnlich bleibt das Bewußtsein, das ein normaler Sterblicher im Augenblick des Übergangs zurückläßt, noch eine geraume Weile bei ihm – so lange, bis er in der Lage ist zu begreifen, daß er nicht mehr an den Gedanken und Gefühlen festzuhalten braucht, die ihn in seiner körperlichen Existenz bewegt haben. Mit der Zeit verblassen diese Gedanken und diese Gefühle, bis man schließlich ganz die Verbindung zu ihnen verliert.

F: In einer unserer früheren Sitzungen sagten Sie, das Bewußtsein nach einem Übergang sei genau das gleiche wie zuvor. Heißt das, daß senile Menschen, für die eine verminderte Intelligenzleistung und ein gewisser Persönlichkeitsverfall typisch ist, auch nach dem Übergang dieses getrübte Bewußtsein behalten?

A: Ganz und gar nicht. Diese Art von Senilität ist rein physischer Natur. Im Augenblick des Übergangs erfährt das Bewußtsein eine neuerliche Öffnung, und das Bewußtsein der Seele tritt wieder in den Vordergrund und blickt auf den vom Verfall gezeichneten Körper zurück. Damals haben wir von Menschen gesprochen, die zum Zeitpunkt des Übergangs bei klarem Bewußtsein waren und von Senilität verschont geblieben sind. Senilität ist ein rein physisches Phänomen, und das Bewußtsein erwacht im Augenblick des Übergangs zu alter Klarheit.

F: Können Sie uns den Unterschied zwischen dem Bewußtsein der Seele und dem irdischen Bewußtsein etwas veranschaulichen?

A: Das irdische Bewußtsein ist durch die Blockierung jeglicher Erinnerung an frühere Inkarnationen, an frühere Leben gekennzeichnet. Dies hat zum Ziel, die Lernprozesse des Individuums in seinem gegenwärtigen Leben zu intensivieren. Im Verlaufe der geistigen und seelischen Evolution nimmt das irdische Bewußtsein in dem Maße ab, in dem das Bewußtsein der Seele wächst. Aus diesem Grunde gewinnen Einblicke in frühere Inkarnationen, in frühere Beziehungen und Vorstellungen immer größere Bedeutung für den Menschen, da er Zusammenhänge zwischen früheren Inkarnationen und seiner gegenwärtigen Existenz zu erkennen vermag. Um allerdings eine solche Offenheit des Seelenbewußtseins zu erlangen, muß die betreffende Person den Pfad der geistigen und seelischen Bewußtwerdung eingeschlagen und eine Entwicklungsstufe erreicht haben, auf der ihr Bewußtsein erwacht und sich öffnet.

VIII. Erinnerung an frühere Leben

F: Weshalb erinnern sich manche Menschen offenbar leichter an frühere Leben als andere?

A: Wir sprechen von geistig-seelischer Evolution. Je weiter die Seele auf dem spirituellen Weg voranschreitet, desto empfänglicher wird das Unbewußte für Gedanken, die mit früheren Existenzen zu tun haben. Unter solchen Lebensbedingungen werden Erinnerungen immer wichtiger.
Die unmittelbare Erkenntnisfähigkeit des Individuums konzentriert sich auf diejenigen der früheren Leben, die sich bereits mit den spezifischen Problemen der gegenwärtigen Existenz auseinandergesetzt hatten. Doch findet ein solches

Erwachen nur dann statt, wenn die Seele bereits den spirituellen Weg eingeschlagen hat und eine Erweiterung ihres Wissen innerhalb dieses Bereiches wünscht und bereitwillig akzeptiert.

F: Sind diese Erinnerungen an frühere Leben im menschlichen Gehirn gespeichert?

A: Was die Erinnerung an frühere Leben betrifft, so sprechen wir hier von der Seele. Sie existiert nicht innerhalb der physischen Natur des Menschen, sondern innerhalb der geistig-seelischen Kraftzentren des Menschen, dem Sitz seiner spirituellen Potenz. Dabei sind insbesondere die Epiphyse und der Solarplexus zu erwähnen, die viel mit der Öffnung des Bewußtseins zu tun haben.

Doch diese Öffnung findet innerhalb der Seele statt. Der physische Aspekt hingegen fungiert als Katalysator, der diese Erfahrungen mit den Erinnerungen in Beziehung setzt, die im Bewußtsein der Seele lokalisiert sind.

F: Mit anderen Worten heißt das also: Der Mensch benützt seine psychischen Kraftzentren zur Erweiterung seines Bewußtseins und findet mit Hilfe dieser Zentren den Zugang zu den Erinnerungen an frühere Leben?

A: Ja.

F: Das hat nichts mit dem Gehirn zu tun?

A: Richtig.

F: In früheren Sitzungen haben Sie erwähnt, daß wir Informationen über die Gegebenheiten in unserem Innersten vor allem im Schlaf erhalten – und nicht so sehr während des Traumes. Wie kann das menschliche Gehirn diese Informationen, diese telepathisch übermittelten Kenntnisse in Wissen und Einsicht umwandeln?

A: Auch hier müssen wir von der Vorstellung abkommen, das Gehirn sei das einzige und ausschließliche Kommunikationsmittel.

Wenn wir uns mit den Gegebenheiten in unserem Innersten befassen, mit der geistig-seelischen Realität, d. h. der uns eigenen Realität, deren Inhalte wir erfahren wollen, um uns zu entfalten und zu wachsen, dann bedeutet dies, daß wir von den geistig-seelischen Kraftzentren in uns Gebrauch machen müssen.

Kenntnis von dieser inneren Realität erhalten wir während des Schlafes. Sie umgeht das Gehirn und hinterläßt – vermittels der Kraftzentren im geistigen Körper des Menschen – ihre Spuren im Bewußtsein, das innerhalb der physischen Struktur des Gehirns angesiedelt ist.

Allerdings fungiert hierbei nicht das Gehirn als der Katalysator, sondern die geistig-seelischen Kraftzentren bzw. Chakras.

F: Danke, Yan Su Lu.

Diese Sitzung erinnerte mich an ein Gespräch mit meinem Mentor, Professor Schmaltz, vor vielen Jahren. Er äußerte damals die Ansicht, daß das Chakrasystem der tantrischen Yogalehren Indiens ein physiologisches Wissen beinhalte, welches sich als bedeutungsvoll für die zukünftige medizinische Forschung im Hinblick auf die unterschiedlichen Bewußtseinsebenen erweisen würde.

(Vergleiche hierzu auch: Gustav Schmaltz: Komplexe Psychologie und körperliches Symptom; in: Schriftenreihe zur Theorie und Praxis der Psychotherapie, Band II, Hippocrates Verlag, Stuttgart, 1955.

Vergleiche ebenfalls: Theories of the Chakras, Bridge to Higher Consciousness, by Hiroshi Motoyama, The Theosophical Publishing House; Wheaton, Ill., USA; Madras, Indien; London, England, 1981)

IX. Über Talent, Veranlagung und Genie

F: Wie lassen sich Talente erklären? Stammen Talente, mit denen man offenbar geboren wird, noch aus früheren Existenzen? Nehmen wir als Beispiel ein Genie wie Mozart, der bereits im Alter von fünf Jahren ein großer Musiker war. Kann man sagen, daß eine Virtuosität dieser Art zum Teil bereits in früheren Leben erworben wurde?

A: Ja – natürlich. In einem solchen Fall ganz sicherlich. Hier handelt es sich um eine Seele, die sich während zahlreicher Inkarnationen mit der Vervollkommnung ihrer Fähigkeiten auf dem musikalischen Gebiet beschäftigt hat. Dies ist jedoch lediglich ein einzelner Bereich, einer der vielen Aspekte der Kreativität einer Seele. In solchen Fällen wird das Wort Genie gebraucht; dabei handelt es sich jedoch um alles andere als um ein Genie, sondern lediglich um einen Menschen, der seine Kenntnisse, sein Wissen auf einem Gebiet vervollkommnet hat.

Das Talent zur Kreativität ist eine geistig-seelische Eigenschaft. Es ist der Seele selbst anheimgestellt, ihre Kreativität und ihre schöpferischen Talente zu entfalten, und es liegt an ihr, im Verlaufe der verschiedenen Inkarnationen ihr Können auf einem oder auf mehreren Gebieten zu perfektionieren. Irgendwann einmal vervollkommnen wir uns alle in diesem oder jenem Bereich. Doch die Perfektionierung unserer kreativen Talente findet nicht nur auf der Erde statt, sondern auch auf anderen Planeten mit vergleichbaren Schwingungsebenen.

Wenn also eine Seele nicht alle ihre schöpferischen Talente im Diesseits verwirklicht, dann wird sie dies in anderen Bereichen, in anderen Lebenssphären jenseits unserer irdischen Existenz nachholen.

X. Schutzengel

F: Was sind »Schutzengel«? Gibt es sie?

A: Das Wort Schutzengel ist ein vager, wenn auch positiver Begriff. Jawohl, es gibt sie. Es handelt sich um Lehrwesen und Ratgeber – um Energieformen, die einen jeden Menschen umgeben und die sich ihm aus unterschiedlichen Gründen zuwenden. Die einen dieser Geistwesen stehen der spirituellen Entwicklung und Erkenntnisfähigkeit des Menschen vor, andere weisen auf Gefahren und Krisen hin. Sie retten Menschen jedoch nur aus Gefahr, wenn es der Wunsch des Vaters ist. Wieder andere tragen Sorge für die materiellen Möglichkeiten, die der Mensch, im Rahmen seiner Existenz, wahrnehmen kann.

Aber vergessen Sie nie, daß jeder einzelne dieser Lehrer – innerhalb seiner eigenen Strukturen – bereits die Stufe eines Geistwesens erreicht hat.

Anders ausgedrückt bedeutet dies, daß er bereits wesentlich mehr Lernprozesse durchlebt hat als der Mensch, den er begleitet. Sicherlich sind diese Lehrer auch in gewisser Weise Beschützer, doch sie greifen nicht in die Geschehnisse ein – wie es in dem Wort »Schutzengel« impliziert ist. Dies würde einem Eingriff in die freie Willensentscheidung des Menschen gleichkommen. Diese Wesen stehen als Lehrer, Ratgeber und Führer zur Verfügung, wenn man sie ruft – entweder mit Hilfe der Meditation oder durch ein Gebet. Das ist ihre spezifische Aufgabe.

Das Wort »Engel« ist eine Bezeichnung dieser Lehrer, die bereits vor Jahrhunderten von den Christen eingeführt wurde, um die Geistigkeit dieser Wesen stärker zu betonen. Allerdings entspricht diese Benennung nicht gänzlich den Tatsachen, denn die geistigen Lehrer der Menschen besitzen keineswegs diese sogenannten »Flügel«, die sie zum Fliegen befähigen. Sie sind ihr eigener individueller Geist, und die Art und Weise, wie sie sich selbst begreifen und erfahren, liegt ganz bei ihnen – doch geschieht dies stets auf der ätherischen Ebene.

F: Hat jeder Mensch einen Lehrer, wie Charles ihn in Ihnen hat, Yan Su Lu?

A: Ja. Überall im ganzen Universum, werden die belebten Dinge von Lehrern begleitet, denn Sie müssen wissen, daß der Vater in seinem allumfassenden Bewußtsein jedem Lebewesen diejenigen zur Seite gestellt hat, die es führen und geleiten. Dies sind die Lehrer. In der christlichen Religion bezeichnet man sie als »Engel«. Wir sind für Sie alle da, um Sie in Ihren Stunden der Not, in den Stunden der Meditation und beim Gebet zu führen.

Wir sind diejenigen, die Ihnen jederzeit mit all unseren Fähigkeiten behilflich sind – natürlich nur, wenn wir dadurch nicht in Ihre freie Willensentscheidung oder Ihr Karma eingreifen.

XI. Über das Sterben

Elisabeth Kübler-Ross, die sich mit diesem Thema sehr intensiv beschäftigt hat, erklärt Kindern den Tod wie folgt: »Der Tod ist ein Ablegen des physischen Körpers, ähnlich wie bei einem Schmetterling, der aus seiner Verpuppung schlüpft. Das einzige, was man im Tod verliert, ist etwas, was man nicht mehr braucht; der physische Körper.« »Menschen, die ein erweitertes Bewußtsein erlangt haben, betrachten das Sterben als einen Übergang in eine neue Phase der Entwicklung.« So beschreibt Paramahansa Yogananda den Tod als den Übergang der Seele vom physischen in den Astralleib.

Sathya Sai Baba bemerkt: »Der Tod ist ein Zustand, der dem Schlaf sehr ähnelt. Der Mensch legt seinen Körper beiseite wie einen alten, abgetragenen Anzug. Nur der Körper ist vergänglich. Da der Geist keine physische Form besitzt, stirbt er nicht mit dem Körper, und die Gedankentätigkeit besteht auch noch nach dem körperlichen Tod fort.«

Ich habe in meiner ärztlichen Praxis oft erlebt, daß ein gesunder Mensch einer Diskussion über den Tod ausweicht. Viel eher ist er bereit, über Sex zu sprechen. Dies ist eine eigentümliche Umkehrung, die während des letzten Jahrhunderts stattgefunden hat. Damals war die Sexualität ein verbotener Bereich, während der Tod erträglich schien. Inzwischen ist der Tod tabu, und jedermann hat etwas über Sex zu sagen. Natürlich sind beide Bereiche unvermeidlich mit unserer Existenz verbunden, und es führt zu großem Schaden, sich dem Unvermeidlichen entziehen zu wollen – ganz besonders, wenn man sich die ungeheure Angst vergegenwärtigt, die der Durchschnittsmensch vor dem Tode hat.

Diese Gedanken bewegten mich, Fragen über das Sterben und den Tod an Yan Su Lu zu stellen:

F: Können sie uns das Erlebnis des Todes erklären?

A: In Ihrer Gemeinschaft – ja in Ihrer ganzen Welt, so wie sie sich im Augenblick darstellt – haftet dem Wort »Tod« ein sehr negativer Beiklang an. Doch nur durch den Tod wird die Seele von ihrer Mission im Diesseits befreit, um sich in einer anderen Mission weiter entfalten zu können, um in ihr zu wachsen und zu lernen. Viel positiver wäre es, den Tod als einen Übergang von der physischen in die ätherische Dimension zu betrachten.

F: Besteht ein Unterschied in der Todeserfahrung eines noch sehr jungen Menschen und der eines Menschen, der ein langes und erfülltes Leben gelebt hat?

A: Die Anzahl der Jahre, die einer im Diesseits verbracht hat, hat keinerlei Einfluß auf das Schicksal der Seele, wenn sie den Körper verläßt. Hat ein junger Mensch in den wenigen Jahren seiner irdischen Existenz geistiges und seelisches Wissen erlangt, dann wird sein Übergang einfach sein, denn er weiß bereits, was auf ihn zukommt, und er wird mit Ungeduld die Hilfe seiner Lehrer und der ihm nahestehenden Seelen erwarten.

Verwirrung werden diejenigen Personen, diejenigen Seelen zu erwarten haben, die während ihrer irdischen Existenz keinerlei Wunsch nach einer Verbindung mit dem Vater verspürten und die sich an althergebrachte, starre, religiöse Dogmen geklammert haben. Die vielen, verschiedenen religiösen Lehren Eurer Welt, die alle einen anderen Weg zur Erlangung der Glückseligkeit und zur Vermeidung der ewigen Verdammnis predigen, die alle ihre eigenen Vorstellungen vom Leben nach dem Tod besitzen, verwirren die Seele während der Übergangsphase. Doch darauf sind wir vorbereitet und wissen, was in dieser Situation das Beste für die Seele ist.

F: Ist der Übergang für jemanden, der nicht an Gott glaubt, schwieriger als für jemanden, der genaue Vorstellungen vom Jenseits besitzt?

A: Es ist wesentlich einfacher, wenn die betreffende Person in irgendeiner Form an die Weiterexistenz der Seele glaubt. Menschen, die keinerlei spirituelle Neigung entwickelt haben, sind während der Übergangsphase nicht nur verwirrt, sie entwickeln auch Ängste gegenüber den Lehrern, die ihnen doch nur helfen wollen.

F: Vollzieht sich unser Sterben in Phasen, oder ist es ein plötzlicher, jäher Vorgang?

A: Im Falle eines natürlichen Alterns vollzieht sich der Vorgang des Sterbens in Phasen. Es werden Vorbereitungen getroffen. Bei sogenannten Unfällen jedoch – und ich sage ganz bewußt »sogenannte Unfälle« – ist natürlich der Abschied von der physischen Existenz für die Seele, auch wenn sie sich selbst in diese Situation gebracht hat, ein traumatisches Ereignis. Doch wenn die Seele dieses Bedürfnis nach einem traumatischen Ende der diesseitigen Existenz nicht in sich trägt, kann sie den Übergang auf friedvollere Weise erleben.

F: Wie können wir die Angst vor dem Tod überwinden?

A: Indem man sich mit den Ideen und den philosophischen Gedanken der Reinkarnation befaßt. Durch die Erkenntnis an sich, daß es keinen Tod gibt – lediglich eine Übergangsphase von der physischen Existenz in eine andere –, wird uns klar, daß unsere Ängste unbegründet sind.

F: Wohin gehen die Toten? Reist die Seele, nachdem sie den Körper verlassen hat, in jedem Fall durch die sogenannte »Astralwelt«?

A: Ich würde es nicht unbedingt mit dieser Bezeichnung belegen. Wir wollen festhalten, daß die Seele, die den Körper verläßt, sofort von ihren Lehrern in die Mitte genommen wird, und daß alles getan wird, damit sie sich wohl fühlt. Ihr steht es frei, solange sie es wünscht, erdgebunden zu bleiben oder aber mit ihren Lehrern zu gehen – in der Gewißheit, daß große Dinge sie erwarten. Doch dies ist ihre eigene Entscheidung, zu der sie nicht gezwungen wird, denn wir wissen sehr wohl, daß viele Seelen den Zeitpunkt des Übergangs in einem Zustand der Angst, der Verzweiflung und äußersten Verwirrung erleben. Deshalb steht ihnen so viel Zeit zur Verfügung, wie sie brauchen. Es ist ihre eigene Entscheidung.

F: Wir haben Sie bereits in früheren Sitzungen gefragt, wo die verwirrten Seelen nach dem Übergang verweilen. Sie erwähnten, daß sie einer Behandlung unterzogen würden – an einem Ort, der mit unseren Krankenhäusern vergleichbar sei. Können Sie uns mehr darüber sagen?

A: Aus Gründen der Klarheit und Einfachheit wollen wir diese Orte weiterhin als »Krankenhäuser« bezeichnen.

Müde und verwirrte Seelen bleiben in der Tat für einige Zeit dort; je nachdem, wie schnell sie ihre neue bzw. das Ende ihrer alten Situation akzeptieren. In diesen Krankenhäusern halten sich auch die Lehrer der Seele auf.

Oft werden die Seelen nahestehender Personen – vorausgesetzt sie haben bereits eine Entwicklungsstufe erreicht, auf der sie das Wirken der Gesetze verstehen können – in die Nähe der verwirrten Seele gebracht, um ihr Erwachen zu lindern und den Übergang aus der Verwirrung in die Wirklichkeit zu erleichtern. Außer den geliebten Seelen sind auch immer die Lehrer der jeweiligen Seele anwesend.

Die Seele beginnt, ihre Umgebung und die Notwendigkeit ihrer Situation in kleinen Schritten zu akzeptieren. Sie ist in Schwingungen der Liebe eingebettet, denn dieser Ort ist ein Ort der Liebe und des Verstehens.

Die Seele mag eine Zeitlang verwirrt sein, doch früher oder später gibt sie sich dem überwältigenden Ausmaß der Liebe hin, die ihr geschenkt wird. Hat die Verwirrung ein Ende gefunden, steht der Seele ein wesentlicher Prozeß bevor: Sie muß sich in ihrer neuen Umgebung etablieren, sie muß sich als das zurechtfinden, was sie ist, und als das, was sie war. Die Seele muß in der Lage sein, ihre Vergangenheit zu verstehen,

und nach und nach wird es ihr mit der Hilfe ihres Lehrers möglich sein, die Fehler zu erkennen, die in ihrer vorherigen Existenz begangen wurden. Doch nicht nur die Fehler und Irrtümer werden erarbeitet, auch die positiven Ziele, die erreicht wurden. Der Seele ist es stets freigestellt, nach Belieben zu kommen oder zu gehen; doch hat sie einmal die Gründe ihrer neuen Seinsart verstanden, dann entschließt sie sich, zu bleiben.
Nur durch den sofortigen Kontakt mit ihren Lehrern können die Seelen sich selbst begreifen – und verstehen, was für ihre kontinuierliche Entwicklung von Notwendigkeit ist.

XII. Kontakt einer aus dem Dasein geschiedenen Seele mit einem geliebten Menschen

F: Kann eine Seele aus dem Jenseits Kontakt mit einem geliebten Menschen aufnehmen, um ihm eine Botschaft oder eine Warnung zukommen zu lassen? Und wenn, wie würde das vor sich gehen?

A: Dies würde mittels der Energieform der Telepathie geschehen. Der Kontakt findet im Zustand des Schlafes statt; unter Umständen auch im Wachzustand, wenn die Energien, die die Seele in der ätherischen Welt aussendet, die Gedanken des Menschen in eine tiefe Konzentration führen. An dieser Stelle möchte ich hinzufügen, daß es keineswegs einfach ist, mit Menschen, die nicht an ein Leben nach dem Tod glauben, in Kontakt zu treten. In einem solchen Fall sind konzentrierte Anstrengungen nötig, um einen Kontakt herzustellen. Doch selbst wenn der Glaube an eine Weiterexistenz nicht vorhanden ist, kann die Verbindung hergestellt werden.
Es genügt, wenn nur ein kleiner Bruchteil der aufgewendeten Energie in das Bewußtsein des kontaktierten Menschen fließt, um dort Gedanken zu implantieren. Die günstigste Gelegenheit dafür ist während des Schlafes.

F: Kann eine Seele aus dem Jenseits ihre Energien einem geliebten Menschen verleihen, wenn dieser an ein Leben nach dem Tod glaubt und Hilfe benötigt?

A: Eine aus dem Dasein geschiedene Seele kann einem geliebten Menschen auf dieser Ebene durchaus behilflich sein. Will jedoch diese Seele sich selbst weiter entfalten und die Mühen nutzen, die um ihretwillen unternommen wurden – insbesondere hinsichtlich der Wiedererweckung ihres Seelenbewußtseins, welches die Voraussetzung für das Verstehen ihrer irdischen Existenz ist –, muß sie ihren eigenen Lernprozeß auf der ätherischen Ebene fortsetzen.
Entscheidet sich die Seele jedoch gegen diesen Weg und für eine Orientierung zum Irdischen hin, um einem geliebten Menschen beizustehen, dann ist dies gänzlich ihre eigene Entscheidung, die akzeptiert wird.
Allerdings übernimmt die Seele eines Verstorbenen niemals die Rolle des Lehrers, denn jeder Mensch hat bereits seine ihm zugeteilten geistigen Lehrer, die genau wissen, welcher Weg der beste für den betreffenden Menschen ist.
Die Aufgabe, die eine Seele im Leben eines von ihr geliebten Menschen übernehmen kann, ist, Trost und Ermutigung zu spenden, indem sie ihm Gedankenimpulse, Schwingungen und Energien aus ihrem Potential an Liebe schickt.
Doch ein Verdrängen der geistigen Lehrer oder eine Beschneidung ihrer Aufgabenbereiche findet nicht statt.

F: Hindert ein zu langer Kontakt mit einem geliebten Menschen die eigenständige Entwicklung der Seele in der ätherischen Welt? Sollte sie auf einen solchen Kontakt verzichten?

A: Es ist immer besser, nicht zu stark an den Verstorbenen oder umgekehrt an den Zurückgebliebenen zu hängen. Wir müssen uns darüber im klaren sein, daß eine Lösung der Verbindung für die Entwicklung beider von Vorteil ist. Einen geliebten Menschen freizugeben, ist nicht nur für die normalen Sterblichen äußerst schmerzlich – auch für die Seele in ihrer ätherischen Existenz ist dies nicht leicht.
Doch schadet ein zeitlich begrenztes Zurückbleiben, ein

Verweilen der Seele in der Nähe eines geliebten Menschen ihrer Entwicklung auf keinen Fall.

Viele Seelen empfinden den Wunsch, sich um die geliebten Menschen zu kümmern, die sie zurückgelassen haben, bis sie sicher sind, daß alles in Ordnung ist, bis sie akzeptieren können, daß das, was geschehen ist, nötig war, daß sie den richtigen Zeitpunkt für einen Übergang in die ätherische Welt gewählt haben. Eine gewisse Zeit lang orientieren sich die meisten Seelen noch zum Irdischen hin, ehe sie sich ganz ihrer eigenen Entwicklung widmen.

F: Wenn wir uns im Anfangsstadium unserer Existenz als Seele auf der ätherischen Ebene befinden, uns aber noch oft mit der irdischen Existenz befassen, bewegen wir uns da in der altbekannten Umwelt unserer physischen Vergangenheit?

A: Das Bewußtsein der Seele bleibt zunächst genau das gleiche, wie vor dem Übergang. Sie nimmt das wahr, was sie sehen möchte. Sie kann sich zum Beispiel als Teil einer Welt des Absolut-Schönen wahrnehmen – was immer sie innerhalb ihrer geistigen Existenz als schön empfindet.

Es ist eine Seinsebene der Harmonie und des Friedens, auf der die Seele während dieser Zeit existiert. Im gleichen Maße jedoch, in dem sie begreift, daß ihr in ihrer Entwicklung Aufgaben und Ziele gestellt sind, wird sich dieser Bewußtseinsstand zurückbilden, bis er gänzlich in Vergessenheit gerät. Doch bleibt die Seele tatsächlich eine Zeitlang innerhalb ihres irdischen Bewußtseins. Ich spreche hier allerdings von einer Seele, die einen fortgeschrittenen Bewußtseinszustand vor dem Übergang erreicht hatte.

F: Begegnen wir, wenn wir sterben, den Seelen derer, die wir einmal geliebt haben?

A: Oft ist es so, daß uns Angehörige erwarten, wenn wir den Körper verlassen – zwar ist es nicht die Regel, doch es kommt vor. Dies ist natürlich nur möglich, wenn sich diese Seelen nicht bereits auf eine neue Inkarnation vorbereiten. Wahrscheinlicher ist es, Freunden gleichen Alters zu begegnen, als zum Beispiel Vater und Mutter, die sich möglicherweise bereits auf ihrer Reise zu einer neuen Inkarnation befinden – vorausgesetzt natürlich, sie haben sich nicht gegen eine Inkarnation entschieden. Dies ist ganz alleine ihre Entscheidung, und sicherlich wären sie in einem solchen Fall anwesend, um auf ihre Angehörigen zu warten.

XIII. Selbstmord

F: Ist es je gerechtfertigt, seinem eigenen Leben ein Ende zu setzen? Ich denke dabei zum Beispiel an Anhänger des Buddhismus, die den freiwilligen Feuertod sterben, um gegen unerträgliche Mißstände zu protestieren; Menschen, die durch ihren Opfertod versuchen, anderen zu helfen. Dies ist an sich ja ein Akt der Liebe...

A: Ein Akt der Liebe – doch ein Akt der Liebe, mit dem Mißbrauch getrieben wird. Im Bewußtsein eines solchen Menschen mag sich die Ansicht bilden, daß er durch sein Verhalten in einer dramatischen Aktion der Welt seine Überzeugung kundgetan hat – in der Hoffnung, er könnte dadurch etwas verändern. Doch wir sollten hinzufügen, daß dies niemandem hilft.

Meist stecken hinter Selbstmord andere Beweggründe, die als totale Negierung und als grober Mißbrauch des freien Willens der Menschen betrachtet werden müssen.

Eine Seele, die aus den von Ihnen beschriebenen Gründen ihrer physischen Existenz ein Ende setzt, hätte zwar nicht die gleichen, ernsthaften Probleme, sich mit dem Jenseits abzufinden, wie ein durchschnittlicher Selbstmörder, doch auch sie hätte zu lernen, daß sie ihr Karma auf diese Weise nicht beendet.

Sie muß begreifen, daß sie ihre Mission zu Ende führen muß, denn der Schmerz, der mit dem Leben geboren wird, birgt für jeden Menschen einen Sinn. Er ist Gelegenheit und Lektion zugleich, die erlernt und ausgeführt werden müssen.

F: Ich beziehe mich nun auf die Menschen, die aus den üblichen

Gründen Selbstmord begehen – sei es aus Unfähigkeit, mit der Realität fertig zu werden, aus Enttäuschung oder ähnlichem. Entfernt sich die Seele durch einen solchen Akt von ihren Lehrern, ihren Führern und vom Göttlichen? Verirrt sie sich auf einem falschen Weg? Muß sie in Verwirrung leben, ehe sie sich wiederfindet?

A: Eine Trennung der Verbindung seitens des Lehrers gibt es nicht. Bringt ein Mensch sich in eine Situation, in der er mit der Realität nicht mehr zurechtkommt und deshalb Selbstmord begeht, dann betritt seine Seele für gewöhnlich die ätherische Welt voller Angst und Mißtrauen.

Doch der Lehrer ist stets gegenwärtig, um der Seele beizustehen. Kommt es zu einem Abbruch der Verbindung, dann geht das immer von der Seele aus – doch ist dies nie eine vollständige Trennung. Seelen, die mit einem von Angst und Mißtrauen geprägten Bewußtsein ins Jenseits treten, üben eine Anziehung auf gleichartige Seelen aus.

Eine Seele wie diese wird für lange Zeit zum Irdischen hin orientiert bleiben. Sie wird ausschließlich mit geistesverwandten Seelen in Verbindung treten und sie wird in einer Welt der Einsamkeit und Angst leben, die sie selbst heraufbeschwört.

Der Lehrer ist stets gegenwärtig; er spricht mit ihr, er hört zu und hilft, wo es nur möglich ist, um der Seele verständlich zu machen, wo sie ist, was sie ist und welches das Ziel ihrer Entwicklung ist.

Allmählich reift in diesen Seelen das Verständnis, sie öffnen sich und treten mit ihrem Lehrer in Kommunikation. Wenn dieser Punkt erreicht ist, ist der Lehrer in der Lage, ihnen die geeignete Unterstützung zu geben. Von seiten des Lehrers besteht also eine ständige Kontaktbereitschaft.

F: Dauert es lange, bis eine solche Seele wieder in einen physischen Körper reinkarnieren kann?

A: O ja. Doch verglichen mit den Tausenden und Abertausenden von Seelen, die ins Jenseits eintreten, sind diese vom Selbstmord belasteten Seelen, eine kleine Minderheit. Niemand kann vorhersagen, wie lange es dauern wird, bis eine solche Seele begreift und Kontakt mit ihrem Lehrer aufnimmt.

XIV. Verdammnis und Hölle, Mörder und Versager

F: Gibt es eine Hölle, einen Ort der Verdammnis?

A: Ja, den gibt es. Und zwar in dem Sinne, als er einen extrem negativen Seinszustand beschreibt. Diese sogenannte »Hölle« existiert auf beiden Existenzebenen – auf der ätherischen und auf der physischen.

Im Zustand der physischen Inkarnation belädt sich die Menschheit durch ihr eigenes negatives Bewußtsein dergestalt mit Problemen, daß ihr das Leben wie eine Hölle erscheint. Doch diese Hölle ist von Menschen geschaffen und existiert alleine, weil die Menschen in ihrer Torheit die ihnen angebotene spirituelle Führung nicht wahrnehmen und ein negatives, nach materiellen Gesichtspunkten orientiertes Leben vorziehen. In diesem Sinne erschafft sich der Mensch seine eigene Hölle.

Auf der Ebene der Körperlosigkeit existiert ein Bereich, in welchem diejenigen Seelen leben, die ein Leben der völligen Entartung und der Gewalttätigkeit, außerhalb aller moralischen Gesetze, gelebt haben und die die Führung durch ihre Lehrer ablehnen. Sie sind auf der Suche nach verwandten Seelen, nach Seelen, die genauso sind wie sie.

Das ist nicht weiter schwierig, denn im Laufe der Jahrhunderte haben sich viele solcher Seelen zusammengefunden, die die negative Problematik, die auf der physischen Seinsebene existierte, auf die ätherische Seinsebene übertrugen. Diese Seelen leben in einem Bereich, der genau das Gegenteil von dem ist, als das die Hölle gemeinhin beschrieben wird: Es gibt dort kein Höllenfeuer und keine unerträgliche Hitze, vielmehr herrscht unvorstellbare Kälte und Feuchtigkeit.

Sie leiden unnötig, diese Seelen, doch ihr Bewußtsein ist

bereits so weit im Negativen verstrickt, daß sie sich gar nicht mehr anders begreifen können als in dem Zustand, in den sie sich selbst gebracht haben. In ihrer Torheit haben sie sich diesem Bereich gänzlich verschrieben, denn dort finden sie Trost bei jenen, die handeln und denken wie sie. Dies ist eigentlich eine ziemlich tragische Situation, und es stimmt uns traurig, zusehen zu müssen, aber glücklicherweise wenden sich früher oder später auch diese Seelen – eine nach der anderen – der Hilfe ihrer Lehrer und Brüder zu, die stets in ihrer Nähe harren, sie beeinflussen und sie bitten, mit ihnen zu kommen.

F: Können Sie uns sagen, was mit der Seele von Adolf Hitler geworden ist? (Normalerweise ließ sich Yan Su Lu nie auf Fragen ein, die mit individuellen Schicksalen zu tun hatten, doch er beantwortete diese Frage, ohne zu zögern.)

A: Seine Seele ist bisher noch nicht reinkarniert. Sie lebt in einer Existenz, die sie selbst willentlich verursacht hat – in einem Zustand der Verwirrung und des Leids, in einem immensen Kraftfeld irregeleiteter Energien. Diese Energien umfassen einen Bereich, den er sich selbst geschaffen hat und der äußerst unangenehm und unerfreulich ist...

Wenn ich sage, daß es ein »äußerst unerfreulicher« Zustand ist, muß ich hinzufügen, daß Worte das Ausmaß des »Unerfreulichen« nicht wirklich erfassen können. Es ist ein großes Unglück, daß sich Seelen selbst in eine solche Situation bringen, doch ihr Ego ist so ungeheuerlich, daß sie einfach nicht fähig sind, den Umfang ihres Irrtums zu erkennen. Doch haben sie einmal erkannt, daß sie Hilfe brauchen, ist das Ausmaß ihres Karmas, der zu bewältigenden physischen Erfahrung, so groß, daß viele von ihnen eine Entscheidung lange hinauszögern, denn sie wissen, daß es ihnen nicht erspart bleibt, mit äußerst begrenzten physischen Fähigkeiten ins Diesseits zurückzukehren. Ihre Seelen hätten extreme Erniedrigungen und Mißhandlungen zu erleiden – nicht nur in einem Leben, sondern in vielen. Und deshalb ist der Entschluß, das, was man getan hat, ungeschehen zu machen, so ungeheuer schwie-

rig. Und doch ist ein solcher Entschluß unumgänglich, wie jede dieser Seelen früher oder später einsieht.
Wie ich bereits gesagt habe, sind diese Seelen sehr tief im Negativen verstrickt, und manchmal dauert es Jahrhunderte, bis sie in der Lage sind, sich aus diesen Irrungen zu befreien.

F: Bedeutet dies, daß jemand wie Hitler sechsmillionenmal durch Mord sterben muß?

A: Nein. Er wird zwar die körperlichen und seelischen Grausamkeiten, die er anderen zugefügt hat, am eigenen Leibe erfahren – doch nicht sechsmillionenmal...

F: Besteht die Möglichkeit, daß er als Tier und nicht als Mensch reinkarniert wird?

A: Dies ist nicht möglich, denn das menschliche Bewußtsein kann sich nur im menschlichen Körper reinkarnieren.

F: Enden alle, die Morde oder andere Gewaltverbrechen begehen, an diesem Ort der Verdammnis?

A: Die Seelen, die an diesem Ort existieren, haben in mehr als nur in einer Inkarnation ihre negativen Energien ausgelebt. Nur dann bringen sie sich in diese Lage, wenn sie in mehreren Inkarnationen Schlimmeres als zum Beispiel einen Mord begangen haben. Denn eine Seele, die den negativen Übergang (Mord) eines Menschen auf ihr Gewissen geladen hat, ist in der Regel nicht allzu versessen darauf, auch im Jenseits den gleichen Weg zu gehen. Sie kennt die quälenden Folgen ihres Handelns und wird sich für einige Zeit zum Diesseits hin orientieren, voller Angst und Verwirrung, jedoch nicht in diesem ungeheuren Ausmaß, wie es Adolf Hitlers Seele erlebt.

F: Gibt es etwas wie »Versagen«, oder ist alles nur ein Lernprozeß?

A: »Versagen« ist ein Wort, das die Menschen erfunden haben, um sich vor notwendigen Entscheidungen zu drücken. »Versagen« ist dem geistigen Gehalt nach ein negatives Wort. Lernprozesse sind positiv. Wir können ein Wort wie »Versagen« nicht akzeptieren.

XV. Entscheidung für eine neue Inkarnation

F: Setzt sich das Selbst aus der Summe früherer Existenzen zusammen? Oder anders gefragt: Sind frühere Inkarnationen ein Teil des gegenwärtigen Selbst?

A: Die Seele bringt in jede Inkarnation die Erfahrungen aus früheren Existenzen mit ein. Da eine noch nicht sehr weit entwickelte Seele viele, sehr viele Erfahrungen zu machen hat, kann sie dies nur nach und nach tun. Sie muß also eine Entscheidung treffen, ehe sie in eine Reinkarnation eintritt, und sie wird diejenige Existenz wählen, die sie in die Lage versetzt, eines oder mehrere spezifische Probleme aus ihrer Vergangenheit zu bewältigen.

Doch leider lernt die Seele nicht in jeder Inkarnation Entscheidendes hinzu; oft läßt sie günstige Gelegenheiten und Erfahrungsmöglichkeiten ungenutzt, die sich anbieten würden, ihr Ziel – die angestrebte Verhaltensstruktur – zu erreichen und das vorhandene Problem zu bewältigen. Es kann mehrere Inkarnationen dauern, ehe dies erreicht wird.

Wir wollen deshalb ganz entschieden klarstellen, daß es nur sehr wenigen Seelen gelingt, die Probleme aus ihrer Vergangenheit während einer einzigen Lebensspanne zu bewältigen. Die Seele wird also die Umstände, die wahrscheinlich in früheren Inkarnationen gegeben waren, immer wieder neu inszenieren – in der gegenwärtigen Existenz und in späteren Inkarnationen –, bis sie ihre Lektion gelernt und die Problematik in den Griff bekommen hat.

F: Woher weiß eine reinkarnierende Seele, welche Eltern sie wählen und in welchem Leib sie als Fötus ihre Inkarnation beginnen soll?

A: Lange bevor der Akt der Inkarnation stattfindet, durchläuft die Seele – mit Unterstützung ihrer Brüder und Lehrer – eine Art Schulung auf den Gebieten, auf denen sie in der bevorstehenden Inkarnation die wesentlichsten Lernprozesse zu bewältigen hat. Doch die Entscheidung liegt alleine bei der Seele selbst.

Niemand schreibt ihr vor, zu inkarnieren oder welche Eltern sie dabei zu wählen hat.

Die Seele tut dies freiwillig und aus eigenem Antrieb. Doch sie kann dabei auf die Weisheit ihrer Lehrer zurückgreifen. Sie zeigen ihr die idealen Eltern, das soziale Milieu, die Rasse usw. ihrer zukünftigen Existenz. Die Seele ist sich jeglichen Leids bewußt, das in dieser Existenz auf sie zukommen wird, denn jede Problematik, die es zu bewältigen gilt, birgt ein gewisses Maß an Leid. Die Seele akzeptiert diese Tatsache, denn sie weiß, daß dies die einzige Möglichkeit ist, die Probleme aus ihrer Vergangenheit zu bewältigen. Deshalb entscheidet sie sich aus freiem Willen, ihre Verhaltensmuster und Existenzstrukturen weiterzuführen. Diese Strukturen, die die Beziehungen zu den Eltern, Freunden und anderen geliebten Menschen bestimmen, werden der Seele dargelegt. Sie weiß also, was sie erwartet, und sie geht bereitwillig.

F: Wie entsteht die Anziehungskraft, die Affinität zwischen den Eltern und der neugeborenen Seele? Welche Art von Kraft führt diese Seelen zusammen?

A: Jede inkarnierende Seele bringt in ihre neue Existenz eine bestimmte Struktur mit.

Treffen sich zwei Seelen – eine männliche und eine weibliche –, und entschließen sie sich, ein Kind zu haben, dann ist dies kein Zufall.

Denn noch ehe diese beiden Seelen in ihre gegenwärtige Existenz traten, war es bereits beschlossene Sache, daß sie sich begegnen würden, um ihre vorgegebenen Existenzstrukturen zu erfüllen und ein Kind zu zeugen. Die Seele, die sich auf eine neue Inkarnation vorbereitet, versteht diese Struktur, erkennt sie und akzeptiert sie – so wie sie ihre eigenen Existenzstrukturen akzeptiert –, und sie ist bereit, diese Lebensumstände zu teilen.

Wir haben es also in jedem Fall mit Strukturen zu tun – mit Strukturen, die jede der beteiligten Seelen bereitwillig akzeptiert hat.

XVI. Prädestination und freie Willensentscheidung; das Akzeptieren von Gegebenheiten versus Fatalismus

F: Ist alles im Leben vorherbestimmt?

A: In einem gewissen Sinne, ja. Und zwar insofern, als die Seele – ehe sie in eine physische Existenz inkarniert – bereits ihre Wahl getroffen hat, welche Erfahrungen, welche Lernprozesse sie in dieser bevorstehenden Existenz zu bewältigen hat. Diese Lernprozesse dienen der Evolution der Seele, der Verarbeitung früherer Erfahrungen – positiver oder negativer Art – sowie der Integration und Aufarbeitung des Karmas.

Vorherbestimmung existiert auf der geistig-seelischen Ebene. Sobald die Seele den Körper übernommen hat und der neue Mensch geboren ist, übernimmt das Bewußtsein des Individuums mehr und mehr die Verantwortung und führt seinerseits die Person den bevorstehenden Erfahrungen zu. Die eintretenden Verflechtungen und Verquickungen des Bewußtseins mit dem Ego können problematische Folgen haben; vor allem wenn eine Überbewertung des Ego-Bewußtseins auf Kosten der Verwirklichung der spirituellen Ziele der Seele stattfindet.

Eine Konstellation dieser Art kann zu einem unüberwindbaren Hindernis werden, auf welches die Seele mit dem Übergang von der physischen Existenzebene auf die spirituelle Ebene reagiert. Der Grund dafür ist in dem Umstand zu suchen, daß die Seele in einem solchen Fall keine Möglichkeit mehr sieht, die Mission zu erfüllen, deretwegen sie eigentlich inkarniert wurde.

Es gibt nur zwei Gründe für den Tod als Schlußpunkt der physischen Existenz des Menschen: die erfolgreiche Bewältigung des Lernprozesses, das heißt die Erfüllung der Mission, oder die Unerfüllbarkeit dieser irdischen Mission.

F: In welchem Umfang ist unser Leben vorbestimmt? Das heißt, inwieweit können wir mit unserem freien Willen auf die Situationen Einfluß nehmen?

A: Das Schicksal ist an die Seele gebunden, wie ich schon sagte – an die spirituelle Existenz. Das Bewußtsein, die freie Willensentscheidung, hat die Wahl, die von der Seele angestrebte Richtung der Entwicklung entweder zu akzeptieren oder sie abzulehnen. Hat die Seele einmal den Weg der geistigen und seelischen Entfaltung eingeschlagen, dann sind die Menschen in den meisten Fällen auch in der Lage, ihr physisches Bewußtsein, ihr Ego-Bewußtsein zu überwinden und den spirituell orientierten Verhaltensstrukturen ihres Evolutionsplans zu folgen.

Doch sind die Menschen während ihrer physischen Existenz nicht notwendigerweise allein und ausschließlich um ihre geistige Entfaltung bemüht, sie setzen sich auch mit anderen Erfahrungen auseinander: zum Beispiel mit der Entdeckung und Erweiterung ihrer mentalen Fähigkeiten. Ebenso muß während vieler dieser diesseitigen Lebenserfahrungen die körperliche Erlebnisfähigkeit und Bewußtwerdung vertieft werden.

Immer wieder kann man beobachten, wie in solchen Fällen die freie Willensentscheidung die Entwicklung beeinflußt. Doch die Seele lernt aus solchen Erfahrungen während ihrer Reinkarnation und wird schließlich den mehr spirituell orientierten Verhaltensstrukturen ihres Evolutionsplans folgen.

F: Wie können wir erkennen, ob eine von uns getroffene Entscheidung aus einer karmischen Bestimmung resultiert oder auf unseren freien Willen zurückzuführen ist?

A: Es hängt zum großen Teil von Ihrem Erfahrungsschatz ab, welche Beweggründe Ihre Entscheidung beeinflussen. Diejenigen, die den Nutzen und die Vorteile der Meditation oder eines Gesprächs mit dem Vater oder ihren Lehrern zu schätzen wissen, werden ganz intuitiv erkennen, ob die Entscheidung, die sie fällen, mit ihrer Vergangenheit oder mit der Gegenwart zu tun hat. In der Meditation kann man die Antwort finden.

F: Erklären Sie bitte den Unterschied zwischen Fatalismus und dem Akzeptieren von Gegebenheiten. Wie können wir erkennen, ob wir ein gewisses Stadium an Weisheit erreicht oder lediglich eine fatalistische Einstellung zum Leben haben?

A: Diejenigen, die ihr Leben mit einer fatalistischen Einstellung leben, werden nur eine sehr begrenzte Anzahl von spirituellen Erfahrungen machen. Menschen mit dieser Grundhaltung versperren sich selbst den Zugang zu den geistigen und seelischen Energiequellen, die eine Erweiterung ihres Bewußtseins und ihrer Lebenseinstellung versprechen. Doch diejenigen Menschen, die die Ereignisse und den Inhalt ihres Lebens akzeptieren und billigen – ja sogar nach mehr verlangen – haben mit Gewißheit bereits den Weg spiritueller Entfaltung eingeschlagen, denn sie begreifen, daß es keine Begrenzungen und Beschränkungen gibt und daß ganz alleine sie es sind, die die Verantwortung für ihre Lebensführung tragen.

XVII. Die Zeitspannen zwischen den Leben. Wie viele Leben? Evolution der Seele. Sonnensysteme. Begreifen Gottes und des Sinns unseres Lebens

F: Gibt es eine Mindestzeitspanne, die eine Seele braucht, um zu begreifen, welche Erfahrungen sie in einer neuen Inkarnation zu machen hat?

A: Es gibt keinen festgesetzten Zeitablauf. Die durchschnittliche Zeitspanne zwischen zwei Inkarnationen umfaßt etwa 30 bis 100 Jahre.

F: Es ist behauptet worden, daß mehrere Millionen Reinkarnationen möglich sind. Ist das wahr?

A: Ich würde nicht unbedingt »Millionen« sagen. Dies trifft zwar zu, doch nicht auf diesem Planeten. Millionenfache Reinkarnation in andere Daseinsformen – ja, doch nicht auf diesem Planeten. Einige Tausend vielleicht.

F: Sie sprechen von anderen Daseinsformen. Meinen Sie damit Daseinsformen auf anderen Planeten?

A: Ja.

F: Können Sie uns mehr darüber erzählen? Gibt es viele Welten, in die man wiedergeboren werden kann?

A: Es existieren alle Formen des Lebens. Nicht unbedingt nur derselben Art, wie Sie Ihre physische, mentale und spirituelle Existenz erfahren. Es gibt spirituelle Daseinsformen, und es gibt physische Daseinsformen.

F: Können Sie für uns das Jenseits beschreiben?

A: Ich verstehe, was Sie meinen. Einem bestimmten Plan der Evolution folgend, existieren auch in anderen Sonnensystemen mentale Lebensformen. Dies sind aber nur einige von vielen Daseinsformen, die der unendliche und unermeßliche Vater Wirklichkeit werden ließ. Diese Daseinsformen lernen und entwickeln sich entsprechend den Schwingungen des ihnen eigenen Reifungsprozesses und wagen schließlich den Schritt in andere Daseins- und Ausdrucksformen. Jeder einzelne Planet hat seine ihm eigenen Daseinsformen. Dies bedeutet jedoch nicht unbedingt, daß Sie die Erfahrung anderer Existenzmöglichkeiten, anderer Daseinsformen zwangsläufig innerhalb Ihres eigenen Sonnensystems fortsetzen müssen. Dies trifft nicht zu. Es gibt viele Sonnensysteme, die ähnliche Schwingungsfrequenzen besitzen wie die Erde. Ihre Seelen können sich also durchaus zu anderen Sonnensystemen begeben und andere Existenzformen erfahren; und in den meisten Fällen ist es tatsächlich so, daß diese anderen Aspekte Ihrer Seelen dort existieren und Daseins- und Energieformen erfahren, deren Schwingungsebenen eine große Ähnlichkeit haben mit den Bedingungen, wie Sie sie hier erleben.

F: Lebt die Seele von der Sonnenenergie? Aus welcher Kraft existiert die Seele?

A: Sie dürfen nicht vergessen, daß auf solchen Existenzebenen die physischen Funktionen nicht mehr von Belang sind. Wir müssen also in dieser Hinsicht die Seele und den Körper differenziert betrachten. Natürlich sind Ihnen die lebenswichtigen körperlichen Funktionen bekannt, doch scheinen Sie zu vergessen, daß die Seele auf keine einzige dieser Funktionen mehr angewiesen ist. Ich spreche von der Notwendigkeit, Nahrung und Flüssigkeit zu sich zu nehmen. Diese Dinge spielen auf diesen Existenzebenen keinerlei Rolle mehr – nicht einmal in der Vorstellung. Oder anders gesagt: die Seele befaßt sich nicht mit Ernährung.

Der Energiestrom, der die Seele erreicht, versiegt nie und währt ewig. Es liegt im Wesen der Energie, daß man sie als gegeben hinnimmt. Sie ist einfach da. Sie denken ja auch nicht über die Luft nach, die Sie atmen; genausowenig, wie die Seele – sobald sie die ätherische Welt betreten hat – an Nahrung oder Energie denkt. Sie ist einfach da.

F: Warum leben wir? Warum müssen wir geboren werden? Warum können wir nicht von Beginn an innerhalb des göttlichen Prinzips bleiben? Was hat die Trennung verursacht?

A: Ihr eigenes Bewußtsein hat diese Trennung verursacht. Denn es gab eine Zeit, da waren alle Seelen auf diesem Planeten das, was Sie als vollkommen bezeichnen würden. Im Verlauf der Evolution verstiegen sich diese Seelen in ihrer Gesamtheit zu dem Glauben, sie seien größer als der Vater. Ihre Religion nennt dies den Sündenfall der Menschheit. Der bewußte Mensch, das Ego, übernahm die Vorherrschaft über das geistige Prinzip, und je mehr diese Lebensart an Einfluß gewann, desto stärker wurde der spirituelle Aspekt in den Hintergrund gedrängt – bis schließlich das Bewußtsein über viele, sehr viele Evolutionen hinweg die Prävalenz übernahm und auch behauptete.

Es entstand eine tiefe Kluft zwischen dem spirituell orientierten Bewußtsein und dem physischen, auf das Ego orientierte Bewußtsein. Der spirituelle Aspekt blieb auf der Strecke, und im Verlauf der Menschheitsevolution war schließlich der Punkt erreicht, an dem das Spirituelle nur mehr ein kleines Samenkorn war neben dem riesigen, weitverzweigten Baum des Ego-Bewußtseins.

F: Wenn wir die letzten Phasen unsrer Befreiung – wie ich es nennen möchte – erreicht haben werden, werden wir uns als Eins mit dem Göttlichen begreifen. Gibt es eine bessere Beschreibung dafür?

A: Das einzige Ziel unserer Existenz auf diesem Planeten ist die Harmonie zwischen den drei Aspekten des Menschen – dem geistigen, dem mentalen und dem physischen. Hat die Evolution einer Seele auf diesem Planeten eine Ebene erreicht, auf der sie diese drei Aspekte beherrscht, dann besteht für sie keine Notwendigkeit mehr, erneut zu reinkarnieren. Wir sprechen hier von Lehrern. Doch um diese Ebene zu erreichen, sind viele Inkarnationen auf dem Pfad geistiger und seelischer Entwicklung nötig.

Doch liegt es an jedem einzelnen von Ihnen, die gleichen Ziele im Auge zu behalten wie Ihre großen geistigen Lehrer. Denn Sie alle verfügen über die gleiche Kraft, doch die finden Sie nur in Ihrem Innersten.

F: Ist es für uns überhaupt möglich, Gott zu verstehen? Gibt es irgendeine Möglichkeit, ihn zu beschreiben; eine Vorstellung, die es uns einfacher macht, ihn zu begreifen?

A: Dies ist eine Frage, die jeder einzelne selbst beantworten muß. Denn jeder bewußte Geist interpretiert den unendlichen Vater auf seine eigene Weise. Nur durch ständiges Suchen und Fragen erhalten Sie auf einer ganz persönlichen Ebene eine Antwort.

F: Auf welche Weise können wir das Wissen, das Sie uns während unserer Gespräche vermittelt haben, am besten anwenden?

A: Es gibt so vieles zu sagen, und wir könnten unsere Gespräche noch viele Stunden lang fortsetzen. Entfaltung und Wachstum Ihrer geistigen und seelischen Möglichkeiten wird am besten gefördert, wenn alles, was Sie denken und sagen, und alles, was Sie unternehmen, unter dem Vorzeichen der Liebe geschieht. Denn aus der Liebe erwächst Verständnis, Toleranz und Empfindsamkeit. Das Bedürfnis zu helfen, der Wunsch, alles für Ihre Mitmenschen zu tun, was in Ihrer

Macht steht – ohne dabei Gegenleistungen zu erwarten – sind wichtige Impulse. Doch sobald wir beginnen, uns für unsere guten Taten selbst zu applaudieren, verlieren diese Handlungen ihr Gutes, denn der Wunsch nach Anerkennung unseres positiven Verhaltens entsteht aus unserem Ego. Und das Ego ist der Sündenfall der Menschheit – und wird es auch immer bleiben. Denn der Vater, der uns in seiner unerforschlichen Weisheit unseren freien Willen gegeben hat, wußte, daß das Böse sein häßliches Haupt heben würde – doch auch dies ist notwendig, will der Mensch den Unterschied zwischen Gut und Böse verstehen.

Je mehr wir uns von diesem Ego reinigen und den Weg der geistigen und seelischen Entfaltung einschlagen – um das zu werden, was er uns zu werden bestimmt hat –, desto größer ist die Bedeutung, die das Wort Liebe in unserem Leben gewinnt. Denn dann erkennen wir alles mit den Augen und mit dem Bewußtsein der Liebe, und der Drang des Menschen, zu streiten, zu kritisieren, zu kämpfen und Kriege zu führen, erlischt; denn diese Dinge haben keinen Platz im Reich der Liebe.

F: Danke, Yan Su Lu.

In meinem Ende ist mein Anfang…
(die letzten Worte von Mary,
der Königin der Schotten)

Schlußbemerkung

Wer also ist Yan Su Lu? Ist er der Teil von Charles Roberts' gesamtem Bewußtsein, der spirituell am weitesten entwickelt ist; der zwei Millionen Jahre alte Weise, von dem C. G. Jung annahm, daß er Teil eines jeden Menschen ist? Oder ist Yan Su Lu ein eigenständiges Wesen? Oder ist er vielleicht sogar der Schutzengel unserer kindlichen Hoffnungen? Eines steht für mich allerdings außer Zweifel: Yan Su Lu ist zu Erkenntnissen von großer Weisheit befähigt. Die Tatsache, daß er sich als *Schutzgeist* vorstellte, kann für jeden einzelnen von uns eine tröstliche Verheißung sein – auch wenn er nicht, wie es mir vergönnt war, persönlich eine derart lebendige und beeindruckende Verkörperung des jahrtausendealten inneren Wissens der gesamten Menschheit erleben durfte.

Existiert in uns tatsächlich ein weiser Alter oder eine große Mutter, eine Wesenheit, die uns erwartet, wenn wir dieses Leben verlassen, und die uns lehrt, das Wesentliche aus unseren irdischen Erfahrungen herauszufiltern? Eine Wesenheit, die uns mit Verständnis und Liebe dabei hilft, unsere Erfahrungen in die Struktur eines umfassenderen Selbst zu integrieren? Ich glaube inzwischen, daß eine solche Wesenheit existiert. Die östliche Philosophie nennt diesen übergeordneten Aspekt Krishna- oder Buddha-Bewußtsein; im Westen spricht man von Christus-Bewußtsein. Wir verbringen unser ganzes Leben auf der Suche danach, doch die meisten von uns sind sich dessen gar nicht bewußt. Es fällt uns schwer, Hilfe und Rat seitens dieses höheren Selbst überhaupt wahrzunehmen oder auch nur an seine Existenz zu glauben. Doch sicherlich existiert eine Verbindung zwischen diesem übergeordneten Aspekt unseres Wesens und der Instanz, die wir landläufig unser Gewissen nennen, denn es ist instinktiv in der Lage, zwischen Gut und Böse zu unterscheiden.

Doch was sollen wir tun, wenn wir einen Punkt der Bewußtwerdung erreichen, an dem wir einen direkteren Kontakt wünschen – zum Beispiel einen Austausch, eine Beziehung mit unserem ganz persönlichen Yan Su Lu? Genügt es, wenn wir einfach sagen: »Ich möchte mit dem Weisen in mir sprechen«, und uns dann zurücklehnen und darauf warten, welche Gedanken uns in den Sinn kommen?

Mein Ratschlag hierzu ist folgender: Sollten Sie eine Stimme hören oder eine Erscheinung sehen, stellen Sie ihre Echtheit in Frage! Haben Sie keine Scheu, die Dinge bis zu ihrem Ursprung zu verfolgen. Denn wir sollten nie vergessen: Es gibt zahllose Masken des eigenen Ego! Und der menschliche Geist – wenn er sich in einer passiven, möglicherweise unkritischen Phase befindet oder ganz einfach nur offen für alles Neue ist, kann ein sensibles und fruchtbares Feld für Selbsttäuschungen sein. Irgendwo in uns mag der ewige Weise existieren – ebenso wie der ewige Narr oder andere Aspekte in uns sind, die auf die Ereignisse, die uns widerfahren, ansprechen. Das menschliche Bewußtsein scheint gleichzeitig auf einer Vielzahl von Ebenen zu existieren – wahrscheinlich auf weit mehr Ebenen, als wir im Augenblick zu erkennen in der Lage sind.

Sollte Ihnen die Stimme, die Sie hören, Dinge verheißen, die Zukunft weissagen oder Ihnen schmeicheln, wie ernst dürfen Sie sie dann nehmen? Hören Sie genau hin und wägen Sie kritisch ab! Sind diese Mitteilungen allgemeiner Natur und konstruktiv? Sind sie offenbar auf Sie ganz persönlich gemünzt, oder sind sie zum besseren Verständnis des Universums gedacht? Mit welchem der zahllosen Selbst haben Sie Kontakt aufgenommen?

Und noch ein Ratschlag: Ehe Sie die Weisungen dieser Stimme in die Tat umsetzen, vergewissern Sie sich, daß Ihr Tun keinem lebenden Wesen ein Leid zufügt oder eine Expansion Ihres persönlichen Egos zum Ziel hat. Die Strömungen in den Tiefen unseres Unterbewußtseins sind mächtig, und wir müssen äußerste

Vorsicht walten lassen, wenn wir uns ihnen nähern. Ich habe mich bemüht, mein Experiment mit Charles und Yan Su Lu so behutsam wie nur möglich zu gestalten, um die Gefahr eines unbedachten und leichtfertigen Eindringens in die verborgenen Bereiche des Geistes zu vermeiden.

Laut C. G. Jung ist in jedem von uns dieser Aspekt des Weisen als Personifikation des geistigen Prinzips immerwährend gegenwärtig. Die Frage ist lediglich, in welcher Form sich unser Bewußtsein damit auseinandersetzt und auf welche Weise wir uns seiner Existenz gewahr werden. Ich hatte Gelegenheit, die subtilen Variationen im Wesen Yan Su Lus zu bemerken und zu beobachten. Es kam selten vor, daß er zögerte oder daß seine Worte ihre gewohnte Tiefe und Exaktheit verloren. Ich fragte mich, ob dieser gelegentliche Verlust an Tiefe, dieses Zaudern, das beinahe den Anschein einer Verzögerungstaktik erweckte, ihre Ursache in der Person von Charles Roberts hatte, der sich im Zustand der Trance zwischen den verschiedenen Aspekten seines Selbst hin und her bewegte, um eine klare Verbindung mit dem höchstentwickelten und weisesten dieser Aspekte – mit Yan Su Lu – zu finden.

Als ich Yan Su Lu dazu befragte, erklärte er mir, daß er manchmal um einen Gedanken oder eine Fragestellung »kreisen« müsse, ehe er in der Lage sei, die richtige Verbindung mit Charles' Geist und Wortschatz herzustellen. War jedoch dieser Kontakt einmal gefunden, dann erwies sich die Verbindung zwischen Charles und seinem in ihm existierenden Lehrer als sehr stabil und tief; ein Umstand, der für die meisten von uns und für unser Verhältnis zu dem am höchsten entwickelten Aspekt unserer eigenen Existenz wahrscheinlich nicht zutrifft.

Meine ursprüngliche Absicht war es gewesen, Charles zu helfen, seine Ausbrüche, die ihn tief unglücklich machten, zu verstehen und kontrollieren zu lernen. Nach der irischen Regression begann sich ein Wandel in seiner Verhaltensstruktur abzuzeichnen. Dies sollte jedoch kein Allheilmittel sein, und Charles hatte weiterhin seine Entscheidungen zu treffen, eine davon betraf die Frage, ob er sich von seiner Frau Dorothee trennen und sich wieder verheiraten sollte. Doch die Zeit mit Yan Su Lu schien Charles in vieler Hinsicht eine Neuorientierung seines Wertsystems ermöglicht zu haben. Seine zweite Ehe wurde geschieden, und er ist nun wieder mit Dorothee verheiratet – sehr glücklich – und hat eine weitaus befriedigendere und verantwortungsvollere Position, die ein beträchtliches Maß an Takt und Weisheit beansprucht.

Yan Su Lu war vielleicht für mich noch stimulierender als für Charles, obwohl ich nicht bezweifle, daß er froh ist, den Zugang zu einer Quelle geistigen und seelischen Wissens gefunden zu haben, um den Prozeß seiner Selbstverwirklichung fortzuführen, der durch seine Begegnung mit Yan Su Lu ausgelöst worden war.

Die bedeutendsten geistigen Lehrer der Welt haben uns den Rat gegeben, das Wesen Gottes in uns selbst zu suchen. Auch Yan Su Lu wiederholt diesen Ratschlag. Was wir damit anfangen, liegt ganz in unserer eigenen Hand. Der von mir sehr verehrte indische Philosoph und Mystiker Paramahansa Yogananda schrieb: »Ihrem Wesen entsprechend streben die Seelen aller Kreaturen durch unbewußtes Erinnern an ihren göttlichen Ursprung danach, diesen Ursprung wiederzufinden.«

Findet im Universum tatsächlich eine geistig-seelische Weiterentwicklung statt, dann ganz sicherlich mit dem Ziel einer letztendlichen Einheit und Harmonie allen Lebens. Bis dahin werden wir jedoch immer wieder zaudern und Irrwege beschreiten; und manchmal erwecken wir dabei den Anschein, als hätten wir den Weg der Weisheit gefunden. Doch meist bleibt uns nichts als die Hoffnung, uns nicht gänzlich verirrt zu haben. Wir dürfen die eigentlich bedeutsamen Dinge des Lebens nicht aus den Augen verlieren, und wir sollten die Worte der Weisen dieser Welt beherzigen, die uns erklären, wie wir eine Brücke schlagen können, die uns mit unserem wirklichen und eigentlichen Ursprung verbindet.

Wer immer Yan Su Lu sein mag, er ist ein Teil dieser Suche des Menschen nach Weisheit. Selbst ein winziger Funke dieser Weisheit ist in der Lage, heilend auf unseren Geist und Körper zu wirken. Die seelischen Spannungen, die angesichts der Vorstellung um unsere Begrenztheit und Sterblichkeit unsere Existenz überschatten, können gelindert werden. Wir können mehr Sicherheit, Glück und Wohlbefinden in einer neuen unendlichen Welt erlangen und das Wagnis eingehen, unsere Unsterblichkeit zu akzeptieren.

C. G. Jung, selbst ein wagemutiger Forscher und Entdecker neuer Dimensionen, versicherte uns: »Niemand weiß, wo der Mensch endet.«

Und der amerikanische Philosoph Emerson schrieb: »So wie die Pflanze in der Erde ruht, ruht der Mensch im Herzen Gottes: Er nährt sich an dem nie versiegenden Quell und stillt sein Verlangen aus der unerschöpflichen Kraft. Wer kennt die Grenzen der menschlichen Entwicklung?«

Ich fragte Yan Su Lu einmal, was seiner Ansicht nach das eigentliche Ziel der Menschheit sei. Er antwortete: »Unser letztes Ziel ist es, dieses Leben so zu meistern, wie Jesus es getan hat.«

Nachwort von E. Stanton Maxey, M.D.

Don E. Stanton Maxey, M. D., Wissenschaftlicher Direktor des »John E. Fetzer Energy Medicine Research Institute« der »A. R. E. Clinic«, Phoenix, Arizona

Nach der Lektüre dieses Buches wird dem Leser bewußt, daß sich ein Teil dieses Buches mit Reinkarnation befaßt. Mit der Veröffentlichung dieser Forschung läßt Jussek sich in die Schar so bekannter Autoren wie Ian Stevensen (Twenty Cases Suggestive of Reincarnation), Joan Grant und Denys Kelsey (Many Lifetimes) und Raymond Moody Jr. (Life after Life) einreihen.

Ebenso wie Ian Stevensen fand Jussek Dokumente, die selbst dem kritischen Leser die Möglichkeit vor Augen führen, daß im menschlichen Gehirn Erinnerungen an frühere Existenzen gespeichert sein könnten.

Darüber hinaus stieß er während der Behandlung von Charles Roberts auf jene vaterähnliche Figur, welche die Evolution der Seele und des Menschen im Ganzen zu überwachen scheint. Als ihm die Bedeutung dieser Möglichkeit bewußt wurde, verfolgte er die Idee, bis der vorliegende Dialog mit Yan Su Lu, den Sie jetzt in der Hand haben, zustande gekommen war.

Sollte Dr. Jussek mit seinem Vorgehen zum Geburtshelfer einer neuen geistigen Realität geworden sein? – Oder handelt es sich um nichts anderes als um ein Produkt der Phantasie seines Patienten? Wer weiß?

Fest steht, daß Eugene Jussek mit seinen Erkenntnissen eine Herausforderung für einen jeden sein muß, seinem eigenen Yan Su Lu auf die Spur zu kommen. Dieses Suchen bringt die Freilegung uns bisher unbekannter, innewohnender geistiger Elemente mit sich. Diese Suche verspricht Erfolg. Bereits eine kurze Betrachtung gewisser Begebenheiten und Träume dieses Lebens zwingt mich zur Überzeugung, daß nicht wenige von uns hierarchischen Geisteswesen begegnet sind oder begegnen werden, die die Aufgabe haben, unsere Schritte zu lenken und unseren Weg zu erleuchten.

Deutsche Literatur

Brunton, Paul: Yogis, Wolfgang Krüger Verlag, Berlin, 1937.
David-Neel, Alexandra: Meister und Schüler, Brockhaus, Leipzig, 1934.
David-Neel, Alexandra: Heilige und Hexer, Brockhaus, Leipzig, 1931. Neuausgabe Brockhaus, Wiesbaden, 1981.
David-Neel, Alexandra: Unsterblichkeit und Wiedergeburt, Brockhaus, Wiesbaden, 1962.
Gris, Henry and Williams, Dick: PSI als Staatsgeheimnis, Moewig, Rastatt, 1981.
Jacobson, E.: Lassen Sie sich Zeit! Das Geheimnis der Entspannung, Taylorix, 1977.
Jung, Carl Gustav: Psychologische Betrachtungen, eine Auslese aus den Schriften von Carl Gustav Jung, zusammengestellt und herausgegeben von Jolan Jacobi, Piper, Zürich, 1982.
Jung, Carl Gustav: Erinnerungen, Träume, Gedanken, Freiburg, 1984.
Kübler-Ross, Elisabeth: Über den Tod und das Leben danach, Silberschnur Verlag, 1984.
Kübler-Ross, Elisabeth: Interview mit Sterbenden, Kreuzverlag, Stuttgart, 1983.
Kübler-Ross, Elisabeth: Kinder und Tod, Kreuzverlag, Zürich, 1984.
Moody, Raymond A.: Leben nach dem Tod, Rowohlt Verlag, Reinbek bei Hamburg, 1977.
Ornstein, Robert: Die Psychologie des Bewußtseins, Köln, 1974.
Osborne, Arthur: Ramana Maharshi: Seine Lehren, herausgegeben von Arthur Osborne, Hugendubel, München, 1983.
Popper, Carl Raimond und Eccles, John Carew: Das Ich und sein Gehirn, München, Piper, Zürich, 1982.

Sabom, Michael B.: Erinnerungen an den Tod, Wilhelm Goldmann Verlag, München, 1982.
Sandweiss, Samuel: Der Heilige und der Psychotherapeut, Sri Sathya Sai Baba Buchzentrum Deutschland.
Schmaltz, Gustav: Das Machen der Wahrheit im eigenen Herzen, (Augustinus) und die dialektische Funktion des Unbewußten im Reifungsvorgang. Stadt und Universitätsbibliothek, Frankfurt/Main, Sonderdruck aus dem Sammelband »Meditation in Religion und Psychotherapie«, Stuttgart, 1958.
Schmaltz, Gustav: Komplexe Psychologie und Körperliches Symptom, Hippokrates Verlag, Stuttgart, 1954.
Schmaltz, Gustav: Östliche Weisheit und Westliche Psychotherapie, Band I. Hippokrates Verlag, Stuttgart, 1951.
Schultz, I. H. und Luthe, W.: Das autogene Training, Konzentrative Selbstentspannung, Thieme, 1982.
Serrano, Miguel: Meine Begegnung mit C. G. Jung und Hermann Hesse, Zürich, Stuttgart, 1968.
Stearn, Jess: Die Unsterbliche Seele, Goldmann Verlag, München, 1985.
Stevensen, Ian: Reinkarnation, Aurum Verlag, Freiburg, 1983.
Silva, Jose und Miele, Philip: Silva mind Control, Argenbühl, 1983.
Von Weizsäcker, Carl Friedrich: Der Garten des Menschlichen, Carl Hanser Verlag, München, 1976.
Yogananda, Paramahansa: Autobiographie eines Yogi, Scherz Verlag, Bern, 1979.
Yogananda, Paramahansa: Religion und Wissenschaft, Otto Wilhelm Barth Verlag, Bern, 1982.

Englische Literatur

Brown, Barbara: Stress and the Art of Biofeedback, New York, 1977.

Brown, Barbara: New Mind, New Body, Bantam Books, New York, 1974.

Boeth, Jennifer: God, Mind, and Free Will: The Scientific Evidence (An Interview with Sir John Eccles, Nobel-prizewinning neurophysiologist). Self-Realization, Vol. 55, No. 3, Summer 1984, published by Self-realization Fellowship, 3880 San Rafael Ave., Los Angeles, California, 90065.

David-Neel, Alexandra: Magic and Mystery in Tibet, Claude Kendall, New York, 1932.

Eccles, John Carew and Robinson, Daniel N.: The Wonder of being Human, Our Brain Our Mind, The Free Press, A division of MacMillan Co. 1984.

Green, E., Green, A., & Walters, D.: Voluntary Control of Internal States: Psychological and Physiological, F. Transpersonal Psychology 1970, 11: 1–26.

Motoyama, Hiroshi: Theories of the Chakras, Bridge to Higher Consciousness, The Theosophical Publishing House, Wheaton III, U.S.A., Madras, India, London, England, 1981.

Osborne, Arthur: »Ramana Maharshi and the Path of Selfknowledge«, Samuel Weiser, New York, 1973.

Puharish, Andrija: Beyond Telepathy, Doubleday & Co. New York, 1962.

Ritchie, George: Return from Tomorrow, Chosen Books, Lincoln, Virginia, 1978.

Silva, Jose: The Mind Control Method, Pocket Book of New York, 1978.

Williams, Paul J.: Belief in a Future Life, Yale Review p. 283, Spring 1945.

GOLDMANN VERLAG

Esoterik

11751

11752

11753

11754

11755

11756

11717

11748

11740